JN196276

自分でできる

相続登記

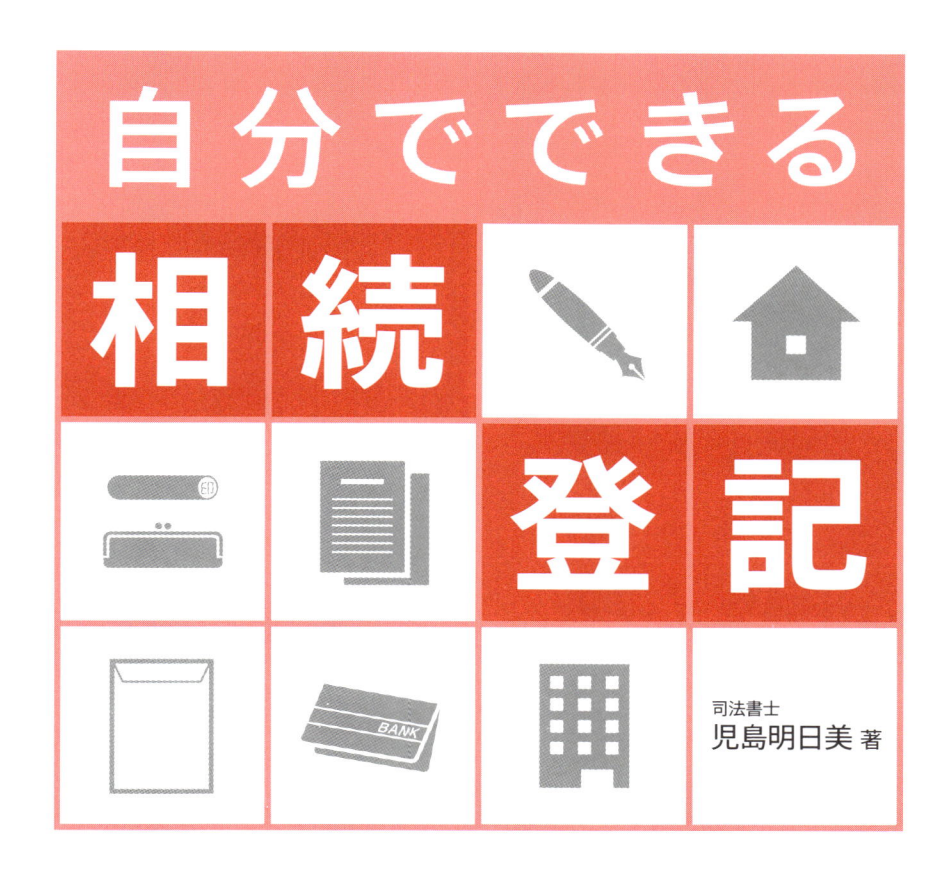

司法書士
児島明日美 著

自由国民社

はじめに

　皆さんは、ご自身がお住まいの土地と建物が、どなたの名義になっているか、ご存じでしょうか。不動産を持っている人が亡くなった時にどのように名義変更の手続を進めたらよいか、ご存じでしょうか。

　不動産の名義変更手続（相続登記）は、ただでさえ心身に負担のかかるさまざまな手続の中でも、面倒で大変な作業の１つです。

　「大変だから」と最初から司法書士に依頼していただくということでもよいのですが、中には「大事な家族が残した財産なので、手順などを調べながら、何とか自分で名義変更の登記手続をしてみたい」と思われる方もいらっしゃるだろうと思います。

　この本は「最短時間でわかりやすく、ご自身の手で相続登記をしていただく」ということを目的として、執筆しました。

　初版の刊行から10年以上が経過し、社会情勢などの要請から**令和６年４月１日には相続登記が義務化される**など、相続登記に関連する法律などもいくつか改正がありました。相続登記の義務化に関連して、制度や運用にも変更がありましたので、それらの情報も盛り込みました。

　ひとくちに相続登記といっても、そもそもご自身の手で進めることが難しい事案も中にはございます。そのような事案に関しては最初から司法書士に依頼していただいたほうが望ましいといえます。

　この本は、そのような困難な事案には触れず、**ごく一般的な相続登記の事例**に絞り、その分、複雑な表現や事例を極力避け、１つ１つの作業を丁寧に説明するように心がけています。

　少しでも多くの方にこの本をご活用いただき、ご自身の手で相続登記の手続をスムーズに終えていただければ幸いです。

司法書士　児島明日美

自分でできる相続登記 **目次**

巻頭グラフ　相続と登記について、大まかに理解しましょう

目で見て体感　相続登記のこと

第1章　「登記」について知ることからすべてが始まります

そもそも登記って何？　登記をしないとどうなるの？ 〜相続登記とは〜

巻頭グラフ

目で見て体感
相続登記のこと

　相続のこと。法律のこと。説明を文字で追いかけていてもなかなかイメージしづらいものです。イメージができないと手続を進めるのも大変です。

　この巻頭グラフでまずは相続や登記のイメージを大まかにつかみましょう。相続登記の難易度をはかるチェックシートや、法改正の情報など、最初に確認してみてください。

自分でできるかな？
相続登記難易度チェックシート

　ひとくちに相続登記といっても、難易度はさまざまです。場合によっては専門家に依頼をしないと難しいケースもあります。そこでまずは、自分で相続登記ができそうかどうかを確かめることができる**相続登記難易度チェックシート**を用意しました。ご自身の事案と照らし合わせながら、1つずつ確認してみてください。

Q1 相続登記をしたい不動産は、どなたの名義ですか?

A1　相続登記（相続による不動産の名義変更登記）を自分で行う場合に、つまずきやすい最初のポイントは、**戸籍の取得と読み取り（調査）**です。相続登記を申請する際には、基本的に戸籍証明書など多くの書類を取得する必要があります。取得しなければならない戸籍証明書の通数が多かったり、亡くなられた方が長生きをされた方であったり、転々と本籍を移されている方がいたりしますと、戸籍証明書などの取得や読み取りの手間が増え、その分難易度も上がります。

〈自分でできる度〉
A. 子がいる夫や妻・父母名義　⟹　☆☆☆☆☆　向いています
B. 子がいない夫や妻・兄弟姉妹・祖父母名義
　　　　　　　　　　　　　　⟹　☆☆　やや難しくなります

Q2 相続人全員で、話し合いはできますか？

A2 いざ相続が発生すると、相続財産の大きい・小さいに関わらず、**相続人の間で揉めてしまって話が進まなくなってしまう**、といったケースがあります。また、相続人の間の仲があまり良好ではないと、手続を進めることが難しくなってしまうことが想定されます。

〈自分でできる度〉

A．相続人全員の仲が良い ⟹ ☆☆☆☆☆　向いています

B．仲が良くない、または、連絡を取り合っていない相続人がいる
　　　　　　　　　　　⟹ ☆　難しいかもしれません

Q3 相続税の申告は必要ですか？

A3 国税庁が公表した資料によると、亡くなられた方の相続税の課税割合は令和４年で9.6％でした。

　相続税の申告においては、**「誰がどのように相続をするか」** という点で、相続税額が**大きく変わってくることがあります**。相続税の申告があるからといって相続登記の手続が難しくなるわけではないのですが、申告内容に注意しながら登記手続を進める必要が出てきます。

〈自分でできる度〉

A．相続税の申告が必要ない ⟹ ☆☆☆☆☆　向いています

B．相続税の申告が必要 ⟹ ☆☆☆☆　注意して進めましょう

Q4 亡くなられた方に多額の借金はありますか？

A4　相続が発生した場合、プラスの財産（預貯金・不動産など）だけではなく、マイナスの財産（借金など）も相続対象となります。

家庭裁判所に相続放棄が受理されれば、相続人にならなかったものとみなされますので、マイナスの財産もプラスの財産も一切相続しない形になります。ただし、一部でも相続財産を引き継いだり、使ってしまったりすると、原則として相続放棄はできなくなってしまいます。相続登記の手続を進める前に、相続財産をしっかりと洗い出しましょう。

〈自分でできる度〉

A．特にマイナスの財産がない ──▶ ☆☆☆☆☆　向いています
B．相続放棄を行う ──▶ 相続登記は不要です

Q5 手続のための時間は取れますか？

A5　手続を進めるには、この本を読んでいただいたり、交付のための請求書を書いてもらったり、さまざまな書類をチェックしたりする必要がありますので、ある程度の時間はどうしても必要です。平日も休日も予定でいっ

ぱい…という方は、専門家に依頼をして「時間を買う」という選択をしていただいたほうがよいかもしれません。

〈自分でできる度〉

A．手続のための時間を確保できる ──▶ ☆☆☆☆☆　向いています
B．毎日忙しくて時間がない ──▶ ☆　難しいかもしれません

Q6 事務作業や根気が必要な作業は得意ですか？

A6　登記の手続というのは、準備から完了まで非常に地味で根気が必要な作業です。

　シンプルな相続登記の場合、最低限の知識さえあれば、できないことはない作業であることは間違いないのですが、どうしても事務作業や根気が必要な作業が苦手という方には向いていないかもしれません。

〈自分でできる度〉

A．事務作業や根気が必要な作業は比較的得意である
　　　　　　　　　　　　⇒ ☆☆☆☆☆　向いています

B．どちらかというとあまり得意ではない
　　　　　　　　　　　　⇒ ☆☆　やや難しいかもしれません

いかがでしたでしょうか。

　Q1からQ6までの質問を見て**すべて〈自分でできる度〉がAだった方**は、特別な事情がない限り、自分で相続登記ができる可能性が高いです。ぜひこの本を有効に活用し、ご自身の手で相続登記を最後まで無事に完了していただきたいと願っております。

　逆に、**1つでもBがあった方**は、最初から司法書士などの専門家にご相談いただくか、とりあえず自分でできるところまでやってみて、先に進めなくなってしまったら積極的に専門家を活用していただければと思います。

　日本にある**土地や建物が誰のものなのか**、また、土地や建物の**所在**や**面積**などを公示して明確にするものが「**不動産登記**」という制度です。

　国の機関である**法務局（登記所）**に「**登記簿（登記記録）**※」が置かれ、土地や建物それぞれの所在・面積・所有者・その他の権利などを記録し、公示します。

　これによって安全かつ円滑な取引をはかる役割をはたしています。

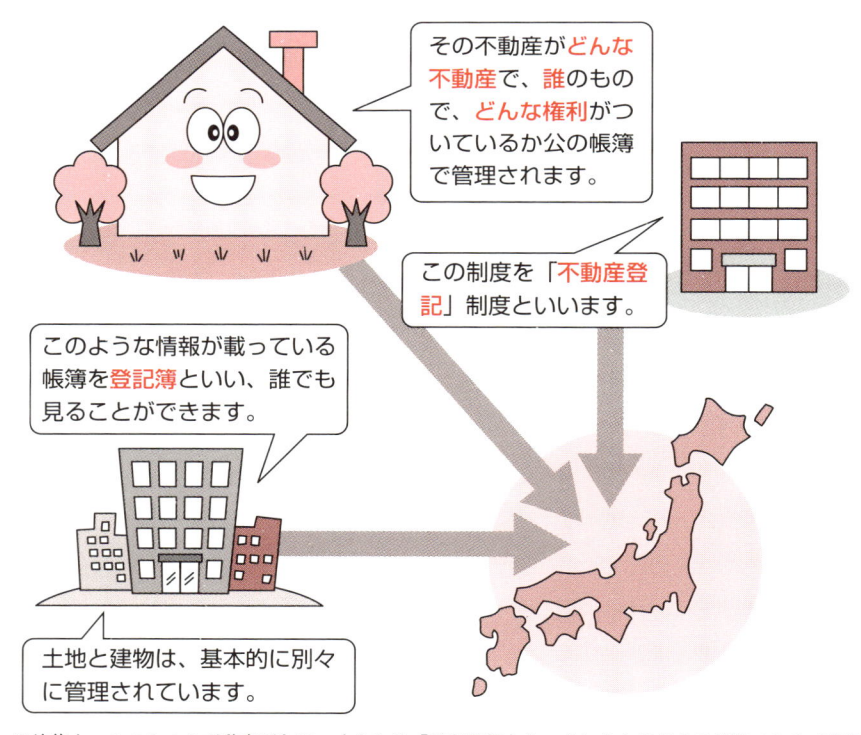

その不動産が**どんな不動産**で、**誰のもの**で、**どんな権利**がついているか公の帳簿で管理されます。

この制度を「**不動産登記**」制度といいます。

このような情報が載っている帳簿を**登記簿**といい、誰でも見ることができます。

土地と建物は、基本的に別々に管理されています。

※法律上、1つ1つの不動産ごとにつくられる「登記記録」と、それらを記録する帳簿である「登記簿」は意味合いが異なりますが、この本では便宜上「登記簿」という表現で統一しています。

これが、**不動産登記事項証明書**です。登記簿の内容を確認でき、法務局で誰でも取得することができます。**表題部**、**甲区**、**乙区**の３部構成です。

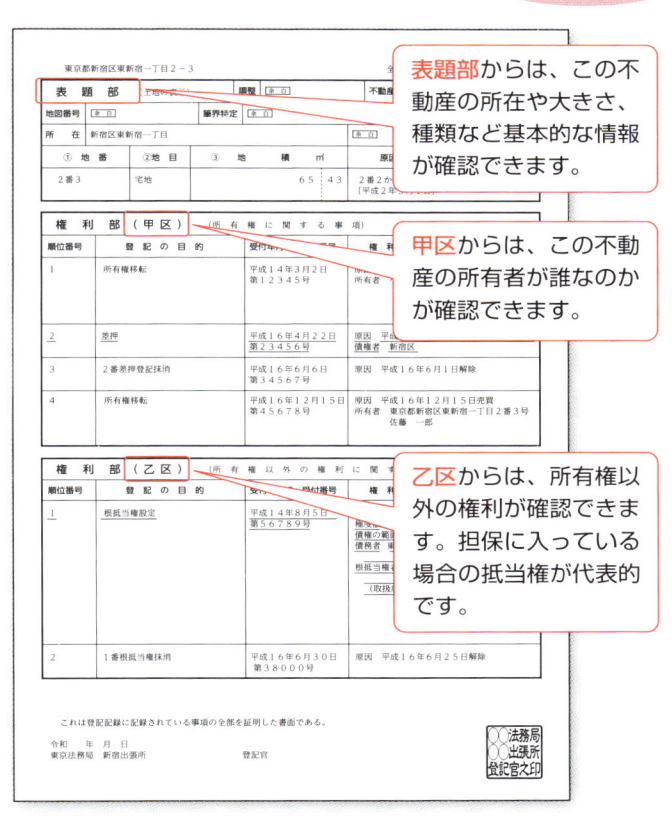

表題部からは、この不動産の所在や大きさ、種類など基本的な情報が確認できます。

甲区からは、この不動産の所有者が誰なのかが確認できます。

乙区からは、所有権以外の権利が確認できます。担保に入っている場合の抵当権が代表的です。

この本で説明する相続登記は、甲区の所有者の名義を、亡くなられた方から相続する方に変更する手続のことをいいます。

ひと目でわかる　相続登記の基礎の基礎

そもそも相続登記って何？

詳しくは第1章

　不動産を相続した人が行う名義変更手続のことをこの本では相続登記といいます。法務局という国の機関に、登記申請書を提出します。

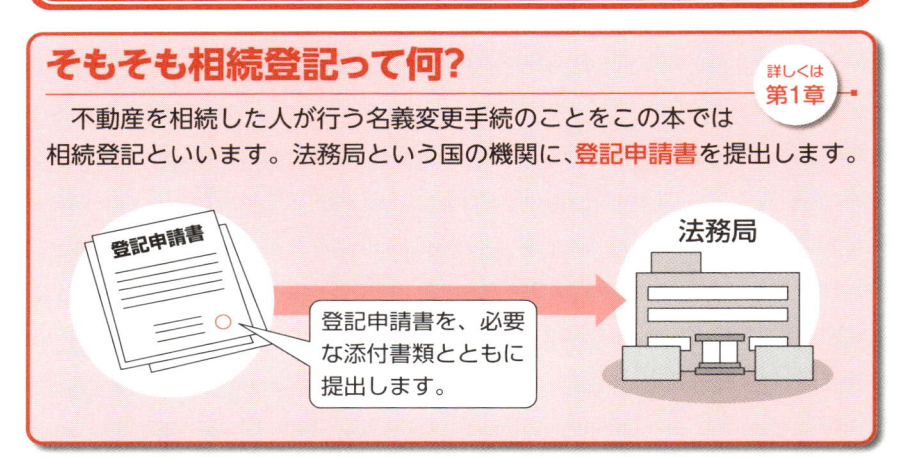

登記申請書

登記申請書を、必要な添付書類とともに提出します。

法務局

相続をする人（相続人）は誰？

詳しくは第2章

　相続をする人は、民法という法律で定められています。亡くなられた方の夫や妻、子は常に相続人となります。子や代襲相続人がいない場合は父母など直系尊属が、子も直系尊属もいない場合は兄弟姉妹が相続人となります。

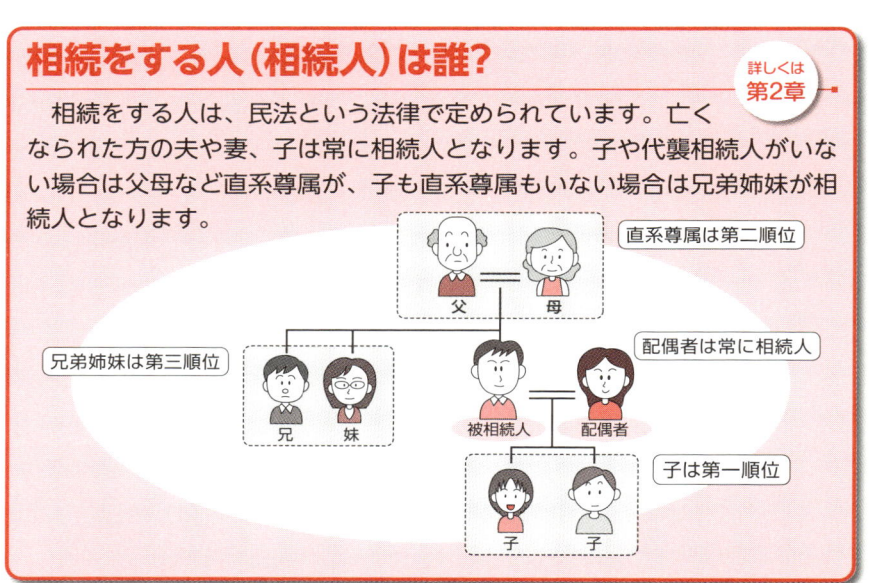

直系尊属は第二順位

父　母

兄弟姉妹は第三順位

兄　妹

配偶者は常に相続人

被相続人　配偶者

子は第一順位

子　子

相続人が2人以上いる場合は?

詳しくは
第2章

　民法という法律で、相続人の相続分が定められています(**法定相続分**)。また、相続人全員で話し合いをすることによって、法定相続分とは違う割合で相続をすることができます。

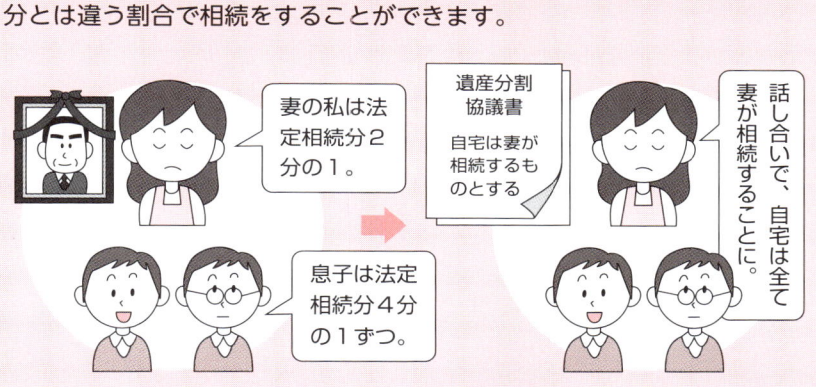

妻の私は法定相続分2分の1。

遺産分割協議書

自宅は妻が相続するものとする

話し合いで、自宅は全て妻が相続することに。

息子は法定相続分4分の1ずつ。

亡くなられた方が遺言を残していた場合は?

詳しくは
第2章

　遺言に沿った内容で、亡くなられた方が残した財産を分けることになります。相続登記も、遺言書を一緒に法務局に提出する形で申請します。遺言の形式によっては、事前に家庭裁判所での**検認**という手続が必要になります。

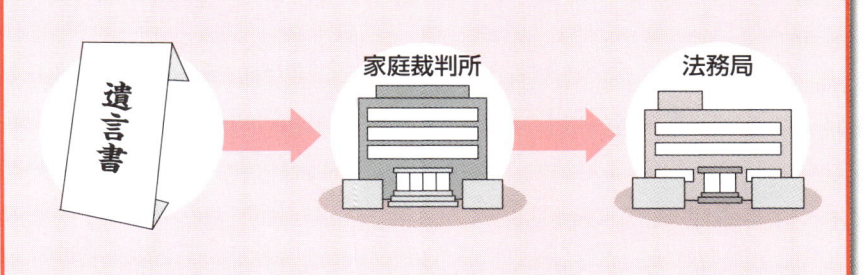

遺言書

家庭裁判所

法務局

ひと目でわかる
相続登記３つの基本パターン

ひとくちに相続登記といってもパターンはさまざまです。
この本では、３つの基本パターンの説明をしています。

詳しくは 第3章

● 遺産分割による相続登記

遺産分割協議書

老万円

> みんなで話し合って、法定相続分とは違う分け方にしました。遺産分割協議書を作成しましょう。

詳しくは P62

● 法定相続による相続登記

> 法定相続分どおりに、みんなで不動産を共有します。

詳しくは P63

● 遺言による相続登記

遺言書

> 遺言書があるので、遺言のとおりに不動産を分けます。

詳しくは P64

ひと目でわかる　相続登記の流れ

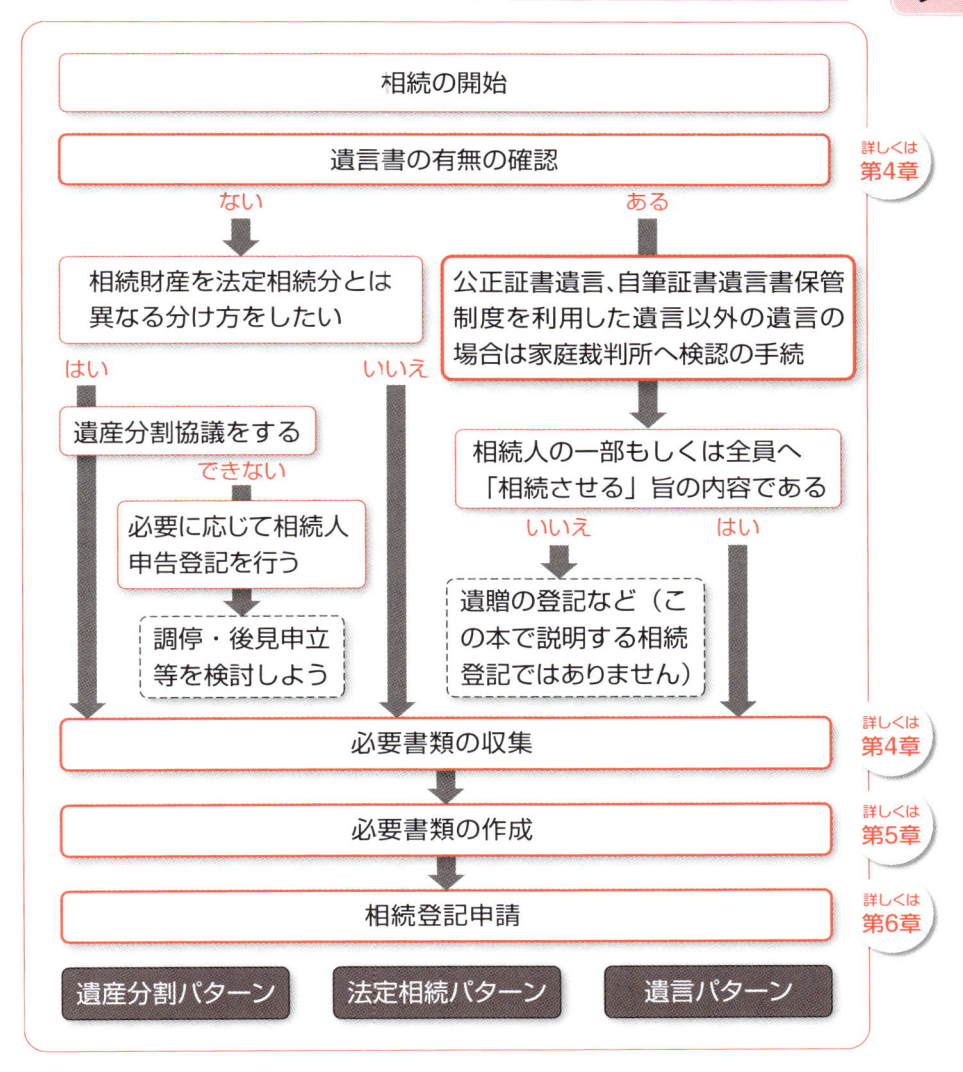

相続の開始

遺言書の有無の確認

詳しくは
第4章

ない

ある

相続財産を法定相続分とは異なる分け方をしたい

公正証書遺言、自筆証書遺言書保管制度を利用した遺言以外の遺言の場合は家庭裁判所へ検認の手続

はい

いいえ

遺産分割協議をする

相続人の一部もしくは全員へ「相続させる」旨の内容である

できない

いいえ

はい

必要に応じて相続人申告登記を行う

遺贈の登記など（この本で説明する相続登記ではありません）

調停・後見申立等を検討しよう

必要書類の収集

詳しくは
第4章

必要書類の作成

詳しくは
第5章

相続登記申請

詳しくは
第6章

遺産分割パターン　　法定相続パターン　　遺言パターン

ひと目でわかる
これが基本の相続登記の申請書

相続登記は、作成した登記申請書に登録免許税分の収入印紙を貼り、準備したさまざまな書類と一緒に法務局に提出することによって行います。

詳しくは P66

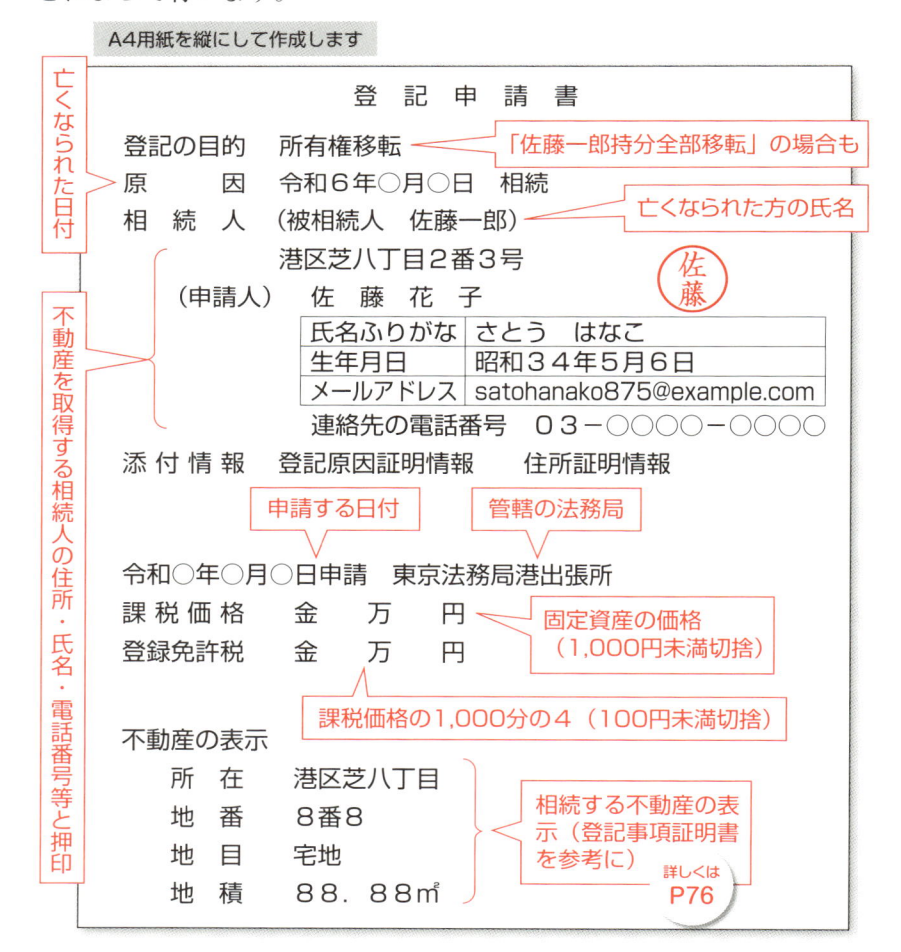

A4用紙を縦にして作成します

登 記 申 請 書

登記の目的　所有権移転　←「佐藤一郎持分全部移転」の場合も

原　　因　　令和6年○月○日　相続

相 続 人　（被相続人　佐藤一郎）　← 亡くなられた方の氏名

　　　　　港区芝八丁目2番3号

（申請人）　佐 藤 花 子　

氏名ふりがな	さとう　はなこ
生年月日	昭和34年5月6日
メールアドレス	satohanako875@example.com

　　　　　連絡先の電話番号　03−○○○○−○○○○

添 付 情 報　　登記原因証明情報　　住所証明情報

申請する日付　　　管轄の法務局

令和○年○月○日申請　　東京法務局港出張所

課 税 価 格　　金　　　万　　　円　→ 固定資産の価格（1,000円未満切捨）

登 録 免 許 税　　金　　　万　　　円

課税価格の1,000分の4（100円未満切捨）

不動産の表示

　　所　在　　港区芝八丁目

　　地　番　　8番8

　　地　目　　宅地　　　← 相続する不動産の表示（登記事項証明書を参考に）

　　地　積　　88.88㎡

詳しくは P76

亡くなられた日付

不動産を取得する相続人の住所・氏名・電話番号等と押印

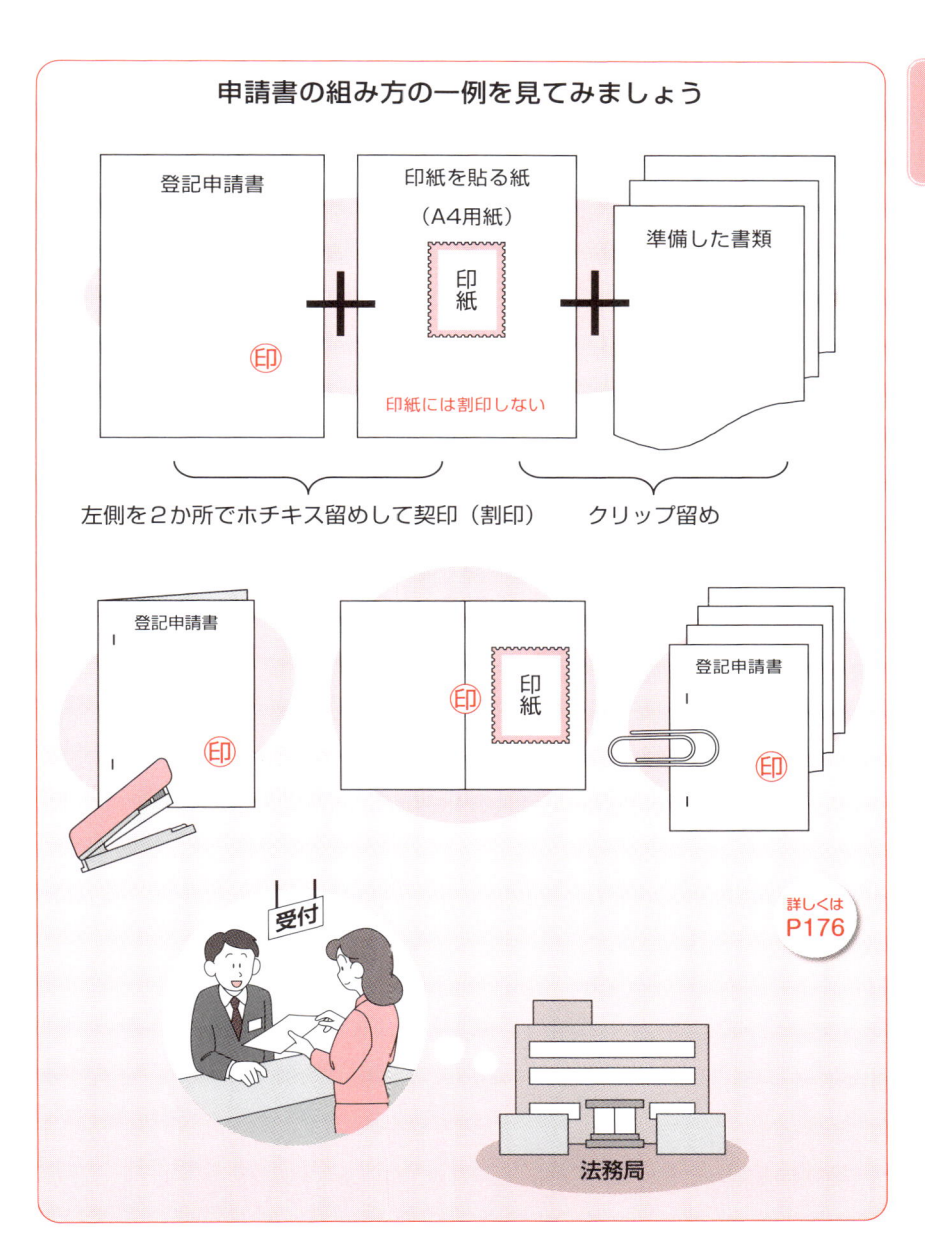

申請書の組み方の一例を見てみましょう

登記申請書

印紙を貼る紙（A4用紙）

印紙

印紙には割印しない

準備した書類

左側を2か所でホチキス留めして契印（割印） クリップ留め

登記申請書

印紙

登記申請書

受付

法務局

詳しくは
P176

ひと目でわかる
相続登記にまつわる法改正・新制度

What's new! ①相続登記の**義務化**

　相続登記がされず、登記簿を見ても誰の土地かわからない所有者不明土地が全国で増加し、社会問題になってきています。この問題を解決するため、令和6年4月1日から**不動産の相続登記が義務化**されました。

　相続人は、不動産を相続により取得したことを知った日から3年以内に相続登記の申請をしなければならないとされ、正当な理由なく義務に違反した場合は10万円以下の過料の適用対象となります。令和6年4月1日より前に発生した相続についても義務化の対象ですが、3年間の猶予期間があります。

相続登記の義務化 P30

What's new! ②**相続人申告登記**がスタート

　相続登記の申請が義務化されたものの、早急に遺産分割を行うことが難しい場合も考えられます。そのような場合には、ひとまず戸籍などを管轄の法務局に提出し、相続人を申告することで義務を果たしたものとされる、**相続人申告登記制度**が令和6年4月1日より始まりました。この制度を利用することで、ひとまず相続登記の申請をしなくても相続登記義務化の過料の対象からは外れるのですが、あくまで暫定的な申告に過ぎないため、遺産分割が完了したら改めて相続登記を申請する必要があります。　**相続人申告登記 P172**

What's new! ③法定相続情報証明制度で手続がスムーズに

　相続の手続や届出などで提出を求められる戸籍証明書等の相続関係を証明する書類は、手続や届出先の窓口ごとにその都度書類を一式提出しなければなりませんでした。確認が終われば原本を戻してくれる窓口も多いのですが、戻してもらえない場合や、同時に手続をする場合には同じものを何通も取得しなければならず、手続や届出を行う人の負担となっていました。手続先機関の窓口においてもそれぞれ提出された戸籍をチェックする負担があり、手続完了までに時間がかかる原因にもなっていました。このような負担の軽減を目的として、平成29年5月29日から相続人の申出により、法務局で法定相続人が誰であるのかを一覧にして証明する**法定相続情報証明制度**が始まりました。

法定相続情報証明制度 P138

What's new! ④戸籍証明書が最寄りの役所で取得可能に

　戸籍全部事項証明書などの戸籍の証明書は、本籍地がある市区町村役場でないと発行できなかったため、本籍地が遠方にある場合は郵送で請求するなどしなければなりませんでした。令和6年3月1日から**戸籍の広域交付**が始まり、本籍地以外の市区町村役場でも戸籍証明書等が取得できるようになりました。戸籍の広域交付制度を利用できる場合は最寄りの市区町村役場の窓口で証明書がまとめて取得できるようになったため、負担が軽減され、便利になりました。なお、兄弟姉妹による請求など、この制度が利用できない場合もあり、その場合は従前どおり本籍地の市区町村役場に交付の請求をします。

戸籍の広域交付制度 P112

ひと目でわかる　相続登記に必要なあれこれ

①用意する可能性のある書類等一覧	
名　称	取得できる場所
登記事項証明書（登記簿謄本）	全国の法務局
住民票（除票）の写し・印鑑証明書	住所地の市区町村役場
戸籍証明書・除籍証明書・改製原戸籍謄本・戸籍の附票の写しなど	本籍地の市区町村役場（原則） **戸籍の広域交付制度 P112**
固定資産評価証明書・名寄帳	不動産の所在地の市区町村役場（東京23区は都税事務所）
定額小為替（市区町村役場や都税事務所に郵送請求する場合）	全国の郵便局・ゆうちょ銀行
収入印紙（登録免許税の納付・登記事項証明書の取得用）	全国の郵便局・法務局の印紙売場（印紙売場がない法務局も）
②作成する可能性のある書類等一覧	
種　類	必要なもの（参考）
申請書	Ａ４用紙・①で集めた書類・電卓・認印
遺産分割協議書	用紙・①で集めた書類・実印
相続関係説明図	用紙・①で集めた書類
委任状	用紙・①で集めた書類・認印
原本還付の処理	用紙・①で集めた書類・認印
③必要になる可能性のある手続	
種　類	窓　口
遺言書の検認	遺言者の最後の住所地の家庭裁判所

※事例により、この他に必要になる書類や手続もあります。

第1章

そもそも登記って何?
登記をしないとどうなるの?
〜相続登記とは〜

　ここからが自分で相続登記をしていくための第一歩です。

　この章では、ほとんどの方にとってなじみの少ない登記というものについて、そもそもどういうものなのか、その中でも相続登記とは何なのか、できるだけわかりやすく説明したいと思います。

　登記について知ることからすべてが始まります。

　少し難しいかもしれませんが、理解をすることで、手続が進めやすくなります。頑張って読み進めてください。

「登記」の内容が確認できる帳簿を「登記簿」といいます。登記簿を確認することで、土地や建物の歴史や詳細がわかるのです。

不動産登記とは「土地や建物の所在や面積、権利変動を**登記簿**という公の帳簿に公示するもの」です。公示というのは文字どおり「おおやけ（公）」に「しめ（示）す」ことです。

つまり、「**どこ**」にある、「**どのような**」「**土地や建物**」を「**誰**」が持っているのか、そしてそこに「**どのような権利**」がついているのかを、登記簿に記録し、誰もが確認できる状態にすることをいいます。

自分が、その土地や建物の所有者であることなどを他の人に主張するには、実態に合った登記を備えておく必要があるのです。

この登記の内容を記録した「登記簿」は、**法務局**という国の機関で管理され、「**不動産登記事項証明書（登記簿謄本）**」を請求することで、誰でも確認することができるようになっています。

この不動産登記事項証明書（登記簿謄本）には、その不動産がこれまでにどのような所有者によって所有されてきたのか、また、どのような歴史をたどり、今に至っているのかが記載されています。

登記簿を確認することで、私たちはその不動産に関するさまざまなことを知ることができるのです。

不動産登記事項証明書（登記簿謄本）は、いわば土地や建物の「履歴書」です。
どんな不動産で、どのような歴史をたどってきたかが不動産登記事項証明書からわかります。

■不動産登記事項証明書の見本

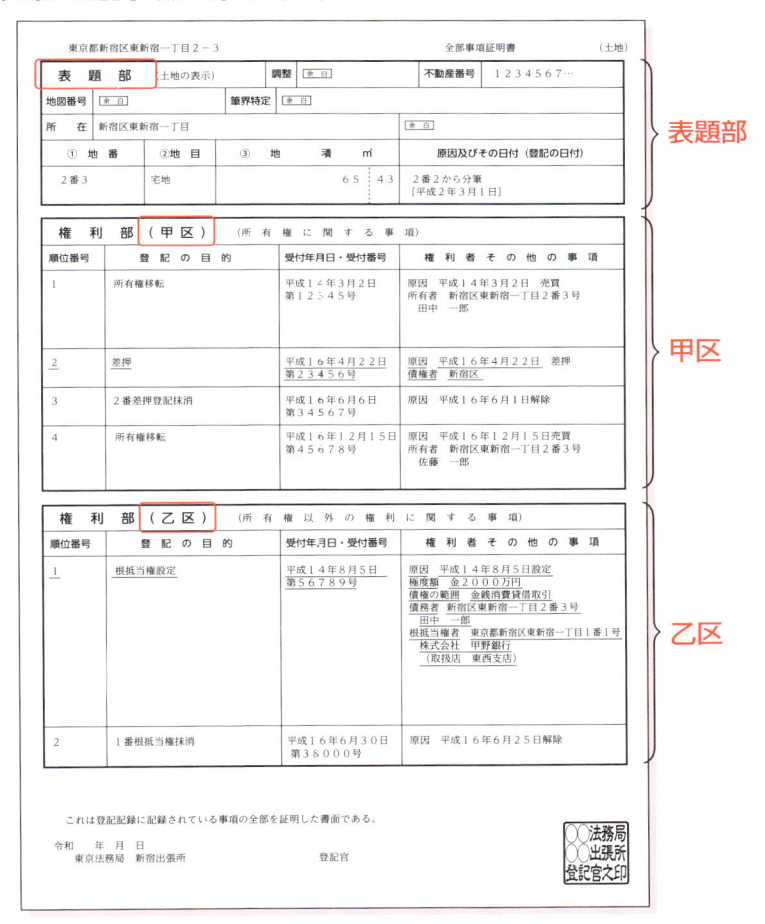

登記事項証明書は、「表題部」「甲区」「乙区」に分けられます。

〈表題部〉 土地や建物を特定する情報

〈甲　区〉 所有権に関する情報

〈乙　区〉 所有権以外の権利に関する情報

2 相続登記って何?

そもそも、相続登記とはどういうものでしょうか。

相続登記は、**不動産の所有者の名義を変更する手続**です

　この本で説明する相続登記とは、登記簿上の不動産の所有者の名義を、亡くなられた方から、その不動産を相続する方に変更する手続です。名義変更によって新たに所有者となる相続人が申請人となって行います。

　この申請をするときに提出する書類を登記申請書といい、申請人が作成します。名義変更が完了すると、登記識別情報通知書という書類が申請人に対して法務局から交付されます。　登記識別情報通知書 P188

相続登記は、**法務局（登記所）**に申請します

　相続登記は、登記申請書を法務局に提出して行います。法務局は登記所とも呼ばれ、各都道府県内に複数設置されています。正式には「○○（地方）法務局」「○○（地方）法務局○○支局（出張所）」といいます。

不動産ごとに**管轄が定められています**

　相続登記は、全国どこの法務局に申請をしてもよいわけではなく、**不動産ごとに決められた管轄の法務局に申請**をする必要があります。管轄は市や区の単位で決められていることがほとんどですが、管轄を間違えてしまうと登記はできません。　詳しくは P90

ちょっと確認　**所有権以外にも不動産に関連する権利はさまざま**

　登記簿の乙区から確認できる地上権や抵当権など、相続の手続が必要な不動産の権利はさまざまあります。この本では、**所有権の相続登記**について説明しています。

3 相続登記にかかる費用は?

あらかじめ知っておけば安心して手続を進められます。

登録免許税という税金を納めます

　相続登記を申請する際には、**登録免許税**という登記に課される税金を納めます。一般的には、登録免許税額分の収入印紙を郵便局などで購入し、その収入印紙を登記申請書に貼る形で納めます。登録免許税額は不動産の課税価格の0.4％（1,000分の4）です。　**詳しくは P129**

書類の収集にも費用がかかります

　相続登記を申請するためには、多くの書類をそろえる必要があり、それらの書類を取得するためにもそれぞれ費用がかかります。戸籍関係の書類は、取得通数が多くなり費用がかさむことも多いです。また、郵送で各種書類を請求する場合は、往復の郵送費もかかります。

一般的に登記申請に必要となる書類と費用	
戸籍証明書	1 通 450円※
除籍証明書・改製原戸籍謄本	1 通 750円※
住民票（除票）の写し・印鑑証明書	市区町村による
固定資産評価証明書	市区町村による
不動産登記事項証明書	1 通 600円（窓口取得・郵送取得）

※条例により金額が異なる市区町村があります。

専門家に依頼をした場合

　司法書士に相続登記を依頼する場合は、司法書士報酬も発生します。金額は、依頼する司法書士や案件の難易度や事情によって異なります。司法書士に依頼する場合は、事前に概算金額や料金体系を確認することをおすすめします。

4 相続登記をしないとどうなるの?

令和6年4月1日に相続登記義務化の法律が施行されました。

　この本で説明する相続登記というのは、不動産の所有者の名義を、亡くなられた方から相続する方に変更する手続です。これまで不動産の相続登記は義務ではありませんでしたが、法改正により、相続によって不動産を取得した相続人は、相続により不動産を取得したことを知った日から**3年以内**に相続登記を申請しなければならないなど、**相続登記が義務化**されました。

　正当な理由なく相続登記の申請を怠った場合は、**10万円以下の過料**が科されることがあります。

　施行日以前に相続が開始しているものも義務化の対象になるため、相続登記を行っていない土地、建物がある場合は、すみやかに対応しなければならなくなりました。

　義務化によって、放置すると過料が科せられる可能性が出てきたため、相続登記はすみやかに行わなければならないものになったと言えます。

■相続登記義務化の内容

①相続人は、**不動産を相続により取得したことを知った日から3年以内**に相続登記の申請をしなければならない。

②遺産分割が成立した場合には、**遺産分割が成立した日から3年以内**に、相続登記をしなければならない。

③**正当な理由なく義務に違反した場合は10万円以下の過料（行政上のペナルティ）の適用対象**となる。

さあ、大変。手続がどんどん複雑に……

　義務化されたことだけでなく、相続登記を放置することで面倒な事態に直面してしまうことがあります。どのような問題が起こりうるのか、代表的なものを事例とともに確認してみましょう。

●**事例1**　山田さんは、住んでいる自宅の名義が、10年以上前に亡くなった祖父の名義のままであることについ最近気づきました。祖父の息子であった父も数年前に他界しています。今後のことも考え、今のうちに母や弟と協力して自宅を自分名義にする相続登記をしておきたいと思うのですが、どうしたらいいでしょうか？

遺産分割の当事者がとってもたくさん……
⇨最終的に山田さんが自宅を自分名義にするためには、基本的に祖父の相続人と父の相続人全員の同意が必要になります。もし当初の相続人で既に亡くなっている方がいる場合は、その方の相続人の同意が必要になる場合もあります。関係が遠くなればなるほど、話し合いが難しくなる可能性は高くなります。

取れない書類がある……
⇨相続登記に必要になる書類には、保存期間が定められているものがあります。例えば、古い戸籍になると既に廃棄されていて取得できない可能性があります。戸籍が取得できない場合は、それに代わる書類を法務局に提出しなければならなくなり、慣れない方にとってはとても大変な作業になります。

集める書類が膨大に……
⇨それぞれの相続人の中に既に亡くなられている方がいるような場合は、今度はその方に関する戸籍関係の書類も必要になってしまいます。

　つまり、おじいさんが亡くなられた段階で手続をしておけば簡単に済んだはずの手続が、10年以上という時を経ることで、**手間的にも費用的にも負担が大きくなってしまう可能性が高いのです。**

売りたいけど売れない……

●**事例2** 鈴木さんは、母が介護施設に入るための費用を捻出するために、自宅を売却しようと考えました。しかし、自宅は亡くなった父の名義のままでした。

〈まずは相続登記をしないと何にもできない〉

不動産を売却する場合や、不動産を担保にして金融機関からお金を借りる場合などには、その不動産の名義を、亡くなられている方から相続人の名義に変更する必要があります。

少しでも早く売却をしたいと思っていても、相続登記がされていなければ、そちらを優先して準備しないといけません。相続登記に時間がかかったり、誰がその不動産を相続するのかの話し合いが暗礁に乗り上げてしまったりしている間に買主さんが離れてしまうことも……。

相続登記がされていなかったことで、いざというときに不動産を有効に活用することができず、多大な労力・費用を要することになってしまうこともあります。

気づいたら**知らない登記が**……

●**事例3**　田中さんは、先祖代々引き継いでいる土地に長年住んでいましたが、ある日、登記事項証明書を確認してみると、まったく知らない人の名義になってしまっていました。

〈後を絶たない不動産詐欺。まさか我が家が……〉

不動産というのは大きなお金が絡むものですので、昔から不動産に関連する詐欺事件は後を絶ちません。中には権利証や印鑑証明書を偽造してしまう、といった事例もあります。登記事項証明書の記載に動きがない土地や建物が狙われやすいというような話も耳にします。

このように、一度知らない人の名義になってしまった登記を元に戻すには、多大な労力を要することになります。

●**事例4**　高橋さんは、長年母を自宅で介護し、最期まで看取りました。長男ということもあり、その間、自分の生活を犠牲にして献身的に介護をしてきたつもりでしたので、母が残した不動産については、自分の名義にしたいと思っていました。しかし、手続を進めず放置している間に、ずっと連絡すら取っていなかった弟との共有名義で登記がされていることを発見しました。

〈相続人の1人からでもできる法定相続登記〉

相続登記は、相続人のうちの1人からの申請で登記ができてしまう場合があります（保存行為による相続登記）。

良好だった親族や兄弟姉妹の関係が、時間の経過によって微妙になってしまうことも……。

このように相続登記を放置してしまうと、さまざまな問題が発生する可能性があります。司法書士として「すみやかに相続登記を済ませておけばよかったのに…」と思えるような事案に出くわすことも少なくありません。

　「早く相続登記をしておけばよかった」と後悔することにならないよう、状況に応じてすみやかに登記手続をしておきましょう。

ちょっと発展　期限のある相続手続は?

　相続手続の中には他にも期限が定められているものがあります。

　期限を過ぎてしまうと不利益を受けるものもあります。

　代表的なものを並べておきましたので、相続登記の手続を進める前に確認しておきましょう。

■相続手続と期限

期　限	内　容	提出・申請先
自己のために相続の開始があったことを知った時から3か月以内	相続放棄 限定承認	家庭裁判所 （最後の住所地）
相続の開始があったことを知った日の翌日から4か月以内	準確定申告	税務署 （死亡当時の納税地）
相続の開始があったことを知った日の翌日から10か月以内	相続税の申告	税務署 （死亡当時の納税地）

5 登記事項証明書の読み方を知ろう

「表題部」、「甲区」、「乙区」。それぞれの基本的な読み取り方を確認しましょう。

相続登記をするには、登記事項証明書（登記簿謄本）の読み方を知る必要があります。ここでは登記事項証明書の「**表題部**」「**甲区**」「**乙区**」の読み方を説明します。 登記事項証明書全体 P27

土地の表題部を見てみましょう

土地の表題部を見てみましょう。**所在・地番・地目・地積**がその土地の基本情報です。「原因及びその日付」欄から土地の歴史がわかります。

表題部（土地の表示）			調製	余白	不動産番号	1234567…
地図番号	余白	筆界特定	余白			
所在	港区芝八丁目			余白		
①地　番	②地　目	③地　積　㎡		原因及びその日付〔登記の日付〕		
8番8	宅地	5 5	5 5	8番7から分筆〔令和2年10月1日〕		

この土地が「港区芝八丁目」に所在し、地番が「8番8」で、地目は「宅地」、地積が「55.55㎡」だとわかります。さらに、この土地は「8番7の土地から分筆」されてできたことがわかります。

建物には区分建物と区分建物以外の建物があります

分譲マンションなどのように、一棟の建物の中に複数の独立した部屋が入っており、その部屋ごとに独立した登記がされている建物を「**区分建物**」といいます。建物の表題部を見る前に確認しておきたいのは、区分建物の表題部と区分建物以外の建物の表題部では、大きく構成が違うということです。

次ページで区分建物以外の建物の表題部を確認してみましょう。

区分建物以外の建物の**表題部**を見てみましょう

　所在・家屋番号・種類・構造・床面積が基本情報になります。「原因及びその日付」欄からこの建物の歴史がわかります。

表題部（主である建物の表示）		調製	余白	不動産番号	123456789…
所在図番号	余白				
所在	港区芝八丁目１番地２			余白	
家屋番号	１番２			余白	
① 種類	② 構造		③ 床面積 ㎡	原因及びその日付〔登記の日付〕	
居宅	木造スレートぶき ２階建		1階 30 00 2階 30 00	令和２年１月５日新築 〔令和２年１月10日〕	
所有者	港区芝丁目八丁目１番２号　高山一郎				

　この建物が、「港区芝八丁目１番地２」に所在し、家屋番号が「１番２」、種類は「居宅」で、構造は「木造スレートぶき２階建」、床面積は「１階２階共に30.00㎡」で、「令和２年１月５日」に「新築」されたことがわかります。

区分建物の表題部は**土地**を意識しましょう

　区分建物の場合、建物と敷地（底地）部分が一体となって登記されている場合（「**敷地権付区分建物**」といいます）と、別々に登記をされている場合があります。敷地権付区分建物の場合は、建物の登記事項証明書を確認すれば、原則として建物と敷地部分の登記状況が両方確認できます。しかし、一体となっていない場合は、建物と土地の登記状況が同じとは限りませんので、建物と土地それぞれの登記事項証明書を確認する必要があります。区分建物が敷地権付区分建物かどうかは、建物の登記事項証明書の表題部から読み取ることができます。相続する不動産が区分建物の場合は注意して確認してみてください。

区分建物の表題部を見てみましょう

まずは、**建物と敷地が別々の場合**の表題部を見てみましょう。

区分建物の場合、表題部の情報量が多くなります。建物全体の情報としての「**一棟の建物の表示**」とその中の独立した部屋の情報としての「**専有部分の建物の表示**」に分かれているのが特徴です。

専有部分の家屋番号	1－2－101〜1－2－105 1－2－201〜1－2－205			

表題部（一棟の建物の表示）		調製	余白	所在図番号	余白
所　　在	港区芝八丁目1番地2			余白	
建物の名称	芝マンション			余白	
①　構造	②　床面積　　　㎡			原因及びその日付〔登記の日付〕	
鉄骨造陸屋根2階建	1階 150 00 　　2階 150 00			〔平成28年8月8日〕	

マンション全体の情報がここからわかります

表題部（専有部分の建物の表示）			不動産番号	012345678…
家屋番号	芝八丁目 1番2の101		余白	
建物の名称	101		余白	
①　種類	②　構造	③　床面積　㎡	原因及びその日付〔登記の日付〕	
居宅	鉄骨造1階建	1階部分 30 00	平成28年8月1日新築 〔平成28年8月8日〕	
所有者	港区芝八丁目1番2号　○○○○株式会社			

あなたが所有している部屋の情報がここからわかります

このような表題部の場合は、建物と敷地部分は一体になっていないので、敷地についても登記事項証明書（登記簿謄本）を確認する必要があり、必要に応じて建物と土地それぞれ相続登記をする必要があります。

それでは次ページで、同じマンションが敷地権付区分建物だった場合、登記事項証明書のどこが違うのかを確認してみましょう。

専有部分の家屋番号	1−2−101〜1−2−105　1−2−201〜1−2−205			
表題部（一棟の建物の表示）　調製	余白		所在図番号	余白
所　　在	港区芝八丁目 1 番地 2		余白	
建物の名称	芝マンション		余白	
①　構造	②　床面積　　㎡		原因及びその日付（登記の日付）	
鉄骨造陸屋根 2 階建	1 階 150　00 2 階 150　00		〔平成28年 8 月 8 日〕	

表題部（敷地権の目的である土地の表示）

①土地の符号	②所在及び地番	③地目	④地積　　㎡	登記の日付
1	港区芝八丁目 1 番 2	宅地	300　00	平成28年 8 月 8 日

マンションの敷地の情報がここからわかります

表題部（専有部分の建物の表示）				不動産番
家屋番号	芝八丁目 1 番 2 の101			余白
建物の名称	1 0 1			余白
①　種類	②　構造	③　床面積　㎡		原因及び
居宅	鉄骨造 1 階建	1 階部分 30 00		平成28年 8 月 1 日新築 〔平成28年 8 月 8 日〕

> 一体となっている場合「敷地権」に関する表示が 2 か所あります

表題部（敷地権の表示）

①土地の符号	②敷地権の種類	③敷地権の割合	原因及びその日付
1	所有権	10分の 1	平成28年 8 月 1 日 敷地権 〔平成28年 8 月 8 日〕
所有者	港区芝八丁目 1 番 2 号　○○○○株式会社		

敷地に対して、10分の 1 の所有権を持っていることがわかります

　このように、敷地権付区分建物の場合は**敷地権に関する表示**が 2 か所あります。敷地が建物と登記簿上一体となっているのです。この場合は、一体となった敷地権付区分建物の相続登記を申請することで、敷地となっている土地の権利も一体となって登記されます。

甲区を見てみましょう

　表題部の下に位置する**甲区**では、不動産の「**所有権**」に関する内容が記載されています。「いつ・誰が・どういう経緯で」この不動産を所有しているのかを読み取ることができます。**この甲区に記載された所有者が亡くなられた際に、所有権の相続登記が必要になるのです。**

　それではさっそく、例として高山一郎さんが、ある不動産の「所有権」を持っている場合の甲区を見てみましょう。

【パターン①：高山一郎さんが所有権全部を持っている場合】

権利部（甲区）　　（所有権に関する事項）			
順位番号	登記の目的	受付年月日・受付番号	権利者その他の事項
3	所有権移転	令和2年10月1日 第23456号	原因　令和2年10月1日売買 所有者　港区芝八丁目1番2号 　　　高　山　　太　郎
4	所有権移転	令和6年2月3日 第1987号	原因　令和5年12月28日相続 所有者　港区芝八丁目1番2号 　　　高　山　　一　郎

　「**順位番号**」は登記をした順番です。「**登記の目的**」は、どのような登記なのか、「**受付年月日・受付番号**」では登記を申請した日にちとその受付番号が、「**権利者その他の事項**」では、所有権を持っている人が所有権を取得した理由、持分（もちぶん）、そして住所・氏名が確認できます。

　この甲区からは、順位番号3番の情報から、この不動産は令和2年10月1日に高山太郎さんが売買で購入したものだということ、順位番号4番の情報から、令和5年12月28日に高山太郎さんが亡くなり、令和6年2月3日に高山一郎さんが相続の登記を申請した、ということを読み取ることができます。

では、次に、少し違うパターンを見てみましょう。

【パターン②：高山一郎さんが２分の１の所有権を持っている場合】

権利部（甲区）　　（所有権に関する事項）				
順位番号	登記の目的	受付年月日・受付番号	権利者その他の事項	
3	所有権移転	令和２年１０月１日 第２３４５６号	原因　令和２年１０月１日売買 所有者　港区芝八丁目１番２号 　　　高　山　　太　郎	
4	所有権一部移転	令和６年１月１３日 第１９８７号	原因　令和５年１２月２８日贈与 所有者　港区芝八丁目１番２号 持分２分の１　高山　一郎	

　パターン①との違いは、順位番号４番の登記の目的が「所有権一部移転」となっていることです。これは、もともとの所有者から所有権の一部を移転したということです。つまり、順位番号３番に記載された高山太郎さんは、まだ所有権の一部を持っているということになります。

　では、どれくらいの権利を順位番号４番の高山一郎さんに移転したのでしょうか。それは、権利者その他の事項の欄の「**持分**」から確認します。ここを見ると「２分の１」の持分を移転していることがわかります。

　このことから、今は、順位番号３番の高山太郎さんと４番の高山一郎さんが２分の１ずつの割合でこの不動産を共有していることがわかるのです。

それではさらに発展してみましょう。パターン②のように、高山太郎さんと高山一郎さんが2分の1ずつ所有権を持っているときに、順位番号5番で次のような登記が入っている場合を見てみましょう。

【パターン③：高山太郎さんの持分を移転した場合】

権利部（甲区）	（所有権に関する事項）		
順位番号	登記の目的	受付年月日・受付番号	権利者その他の事項
3	所有権移転	令和2年10月1日 第23456号	原因　令和2年10月1日売買 所有者　港区芝八丁目1番2号 　　高　山　　太　郎
4	所有権一部移転	令和6年1月13日 第1987号	原因　令和5年12月28日贈与 所有者　港区芝八丁目1番2号 持分2分の1　高山　一郎
5	高山太郎持分全部移転	令和6年8月1日 第2345号	原因　令和6年4月15日相続 共有者　港区芝八丁目1番2号 持分2分の1　高山　花子

　順位番号5番のところに「高山太郎持分全部移転」という登記が入っています。これは文字どおり、2分の1の所有権を持っていた高山太郎さんの持分の全部が移転したということを表しています。

　このことから、今は、高山一郎さんと高山花子さんが2分の1ずつの割合でこの不動産を共有しているということがわかるのです。

　このように、甲区からは、その不動産の所有者の流れを確認することができます。あなたのご先祖様の歴史をたどるつもりで、じっくりと読み取ってみてください。

乙区を見てみましょう

　甲区の下に位置する**乙区**には、不動産の「**所有権以外の権利**」に関する内容が記載されています。「いつ・誰が・どんな権利を・どういう経緯で」この不動産に対して持っているのかを読み取ることができます。

　乙区の権利で代表的なものは、「抵当権」です。不動産の所有者が借りたお金の担保に不動産を差し出したときなどに設定される権利です。

　それでは、抵当権の登記が入った乙区を見てみましょう。

権利部（乙区）	（所有権以外の権利に関する事項）		
順位番号	登記の目的	受付年月日・受付番号	権利者その他の事項
1	抵当権設定	令和2年10月1日 第23457号	原因　令和2年10月1日金銭消費貸借 　　同日設定 債権額　金3,000万円 利息　年1.0% 債務者　港区芝八丁目1番2号 　　高山　太郎 抵当権者　千代田区丸の内五丁目1番1号 　　株式会社乙野銀行
2	抵当権設定	令和2年10月1日 第23458号	原因　令和2年10月1日金銭消費貸借 　　同日設定 債権額　金1,000万円 利息　年1.0% 債務者　港区芝八丁目1番2号 　　高山　太郎 抵当権者　千代田区内幸町四丁目1番2号 　　株式会社丙谷銀行
3	2番抵当権 抹消	令和5年6月10日 第9456号	原因　令和5年6月10日解除

甲区と同じように、「**順位番号**」「**登記の目的**」「**受付年月日・受付番号**」「**権利者その他の事項**」の記載から、内容を特定していきます。

　「登記の目的」からは権利の種類や目的がわかり、「権利者その他の事項」から、その権利の詳細な内容がわかります。

　図の乙区では、順位番号1番・2番から、令和2年10月1日に高山太郎さんが乙野銀行と丙谷銀行から融資を受け、同じ日に、乙野銀行・丙谷銀行をそれぞれ権利者とする抵当権が設定されていることが読み取れます。乙区では、順位番号が早い人が後の人に優先して権利がありますので、順位番号1番で設定をした乙野銀行の抵当権が、順位番号2番で設定をした丙谷銀行に優先します。

　その後、順位番号3番のところに「2番抵当権抹消」という登記が入っています。令和5年6月10日に、解除を原因として2番の丙谷銀行の抵当権が抹消されたということが確認できます。つまり、今は1番抵当権だけが残っているということになります。

　いかがでしたでしょうか。少し難しかったかもしれません。

　しかし、所有権の相続登記をすることで、あなたはこの乙区で設定された登記を原則としてそのまま引き継ぐことになります。

　自分が相続する不動産にどのような権利がついているのか、乙区の欄もしっかりと確認するようにしましょう。

ちょっと発展　債務者の変更登記

　乙区に抵当権が設定されていて、債務者に亡くなられた方の氏名が入っている場合、その部分の変更登記（債務者変更登記）を抵当権者（金融機関など）から求められることがあります。この場合は抵当権者である金融機関などに確認してみてください。

■**相続用語集**　相続に関する法律用語を簡単に説明しています。

用　語	意　味
配偶者 （はいぐうしゃ）	法律上の夫・妻。内縁の夫・妻は含まない。
直系尊属 （ちょっけいそんぞく）	父母や祖父母など、自分より上の世代の直系血族。
直系卑属 （ちょっけいひぞく）	子や孫など、自分より下の世代の直系血族。
被相続人 （ひそうぞくにん）	亡くなられた方のこと。
推定相続人 （すいていそうぞくにん）	相続が開始した場合に相続人となるべき者のこと。
法定相続分 （ほうていそうぞくぶん）	法律上定められている相続分のこと。
遺留分 （いりゅうぶん）	一定の相続人に保障された遺産の一定の割合。
代襲相続 （だいしゅうそうぞく）	相続人である親が被相続人より先に死亡している場合に、子が親に代わってする相続のこと。
嫡出子 （ちゃくしゅつし）	法律上の婚姻関係にある男女間の子。
非嫡出子 （ひちゃくしゅつし）	法律上の婚姻関係にない男女間の子。
遺　言 （いごん）	亡くなられた方の最終の意思を反映できる文書のこと。法律に従った方式で書かれることが必要。
検　認 （けんにん）	遺言の存在および内容を確認する手続のこと。
遺言執行者 （いごんしっこうしゃ）	遺言の内容を実現するための手続を執行する者。
遺産分割協議 （いさんぶんかつきょうぎ）	相続人全員で遺産の分け方について話し合うこと。
相続放棄 （そうぞくほうき）	相続人にならなかったものとみなされる手続。
限定承認 （げんていしょうにん）	プラスの財産の範囲内でマイナスの財産を引き継ぐ手続。共同相続人全員による申述が必要。
相続欠格 （そうぞくけっかく）	一定の事由によって相続資格をはく奪されること。
廃　除 （はいじょ）	被相続人の意思で相続する資格を奪うこと。
遺　贈 （いぞう）	遺言によって相続財産の一部または全部を贈与すること。

第**2**章

知っておきたい、相続のこと

「相続」の基礎の基礎
〜前提知識の確認 その1〜

　登記について確認したら、次は「相続」に関する基礎知識を確認します。
　「相続人になるのは誰？」「遺言があったらどうなるの？」
　「相続」という言葉はよく耳にしても、実はわからないことがたくさんあるのではないでしょうか。
　この章では、「相続」の基本、中でも、登記手続に関係があることを中心に説明したいと思います。法律の話ですが、実はとても身近なこと。肩の力を抜いて、読み進めてみてください。

1 相続人と法定相続分を確認しよう

誰が相続人で、どのように相続するのかを知りましょう。

手続を進める大前提として、まず「誰が相続人になるのか」そして「法定相続分はどれくらいか」を把握しておきましょう。

押さえておきたい法定相続の基本ルール

① 配偶者は常に相続人となる。

② 配偶者以外の相続人は優先順位がある。

　第一順位　子。子がいない場合は孫。子も孫もいない場合はひ孫。

　第二順位　直系尊属（両親。両親がいない場合は祖父母。両親も祖父母もいない場合は曾祖父母。）

　第三順位　兄弟姉妹。兄弟姉妹がいない場合は甥・姪。

③ ②のうち、先の順位の人が1人でもいる場合、後の順位の人は相続人ではない。

それぞれの相続分は法律で決められています

配偶者（夫や妻）がいる場合は、いずれの場合においても相続人になります。どの順位の人が配偶者とともに相続をするかによって、配偶者の法定相続分が変わります。

① 第一順位　配偶者：2分の1　残り2分の1を子らが等分

② 第二順位　配偶者：3分の2　残り3分の1を親らが等分

③ 第三順位　配偶者：4分の3　残り4分の1を兄弟らが等分

[夫が死亡し、妻と子がいる場合]

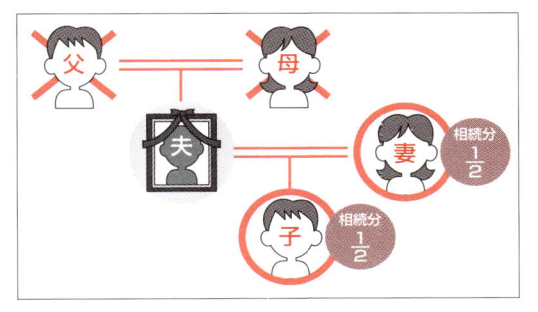

妻と子だけが相続人になります。

第一順位である子がいるので、父母は相続人になりません。

法定相続分は**妻、子ともに２分の１**です。

[夫が死亡し、夫の両親と妻がいるが子がいない場合]

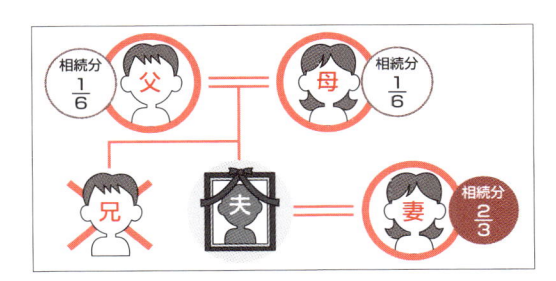

第一順位の相続人がいないので、第二順位の父母が妻とともに相続人になります。

兄弟姉妹は相続人になりません。

法定相続分は**妻が３分の２、残り３分の１を父母が等分**します。

[夫が死亡し、妻がいるが子がなく、夫の兄弟姉妹がいる場合]

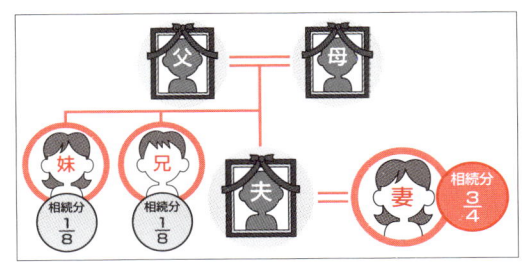

亡くなられた方に子がおらず、両親や祖父母など直系尊属も既に死亡している場合は、第三順位の兄弟姉妹が妻とともに相続人になります。

法定相続分は**妻が４分の３、残り４分の１を兄弟姉妹が等分**します。

前妻・前夫、胎児や養子、非嫡出子などの相続

前妻・前夫は、婚姻関係が解消されていますので、相続人ではありません。

前妻・前夫との間の子は、子であることに変わりはありませんので、子としての法定相続分があります。

また、**胎児**は既に生まれたものとみなして子としての法定相続分があります（死亡して生まれた場合は適用されません）。

養子は、嫡出子と同じ割合の法定相続分があります。

養親は、実親と同じ割合の法定相続分があります。

非嫡出子（婚外子）の法定相続分は、嫡出子の2分の1とされていましたが、平成25年9月の最高裁判決を受けて民法が改正され、嫡出子と同じ割合となりました。

兄弟相続の際、**父母の一方が違う兄弟姉妹（半血兄弟姉妹）**の法定相続分は、父母が両方同じ兄弟姉妹の法定相続分の2分の1となります。

旧法時代に亡くなられた場合の法定相続分

旧法時代は、法定相続分の規定が今とは違いました。

昭和22年5月3日から昭和55年12月31日までに被相続人が死亡した場合の相続順位及び相続分は、原則として以下のとおりです。

①子がいる　　　　　配偶者：3分の1　残り3分の2を子らが等分
②直系尊属がいる　　配偶者：2分の1　残り2分の1を親らが等分
③兄弟姉妹がいる　　配偶者：3分の2　残り3分の1を兄弟らが等分

また、**昭和22年5月2日以前**に被相続人が死亡した場合は、原則として、法定家督相続人のみが相続人となります。

この本では、**昭和56年1月1日以降現在まで**に被相続人が死亡した場合における相続について説明をしています。

2 代襲相続って何?

孫や甥・姪が相続人になる場合があります。

子が先に死亡し孫がいるときは**代襲相続**が起こります

　第一順位である子が先に死亡している場合で、孫を残している場合はどうなるでしょうか。この場合、孫が子に代わって相続をすることになります。これを**代襲相続**といいます。

　子が先に死亡している場合は孫に、孫も先に死亡している場合はひ孫に（**再代襲相続**）……といったように、代わりに下の世代の者が引き継ぐことができるのです。なお、相続放棄をした者の下の世代の者には代襲相続は起こりません。　相続放棄とは P56

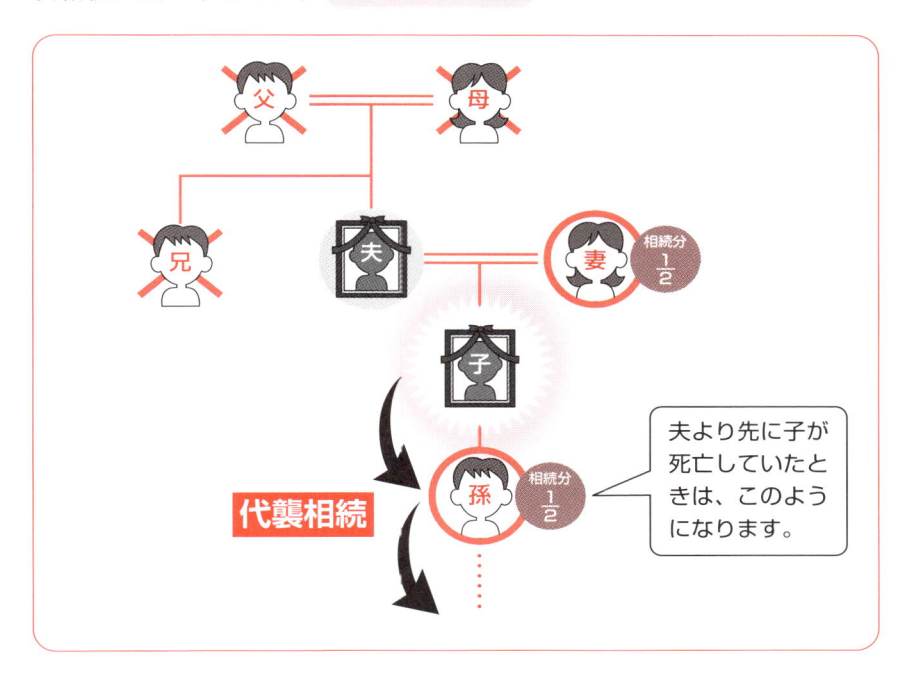

夫より先に子が死亡していたときは、このようになります。

兄弟姉妹が死亡しているときの代襲相続は甥・姪まで

　第三順位である兄弟姉妹が相続人となるが、兄弟姉妹が子（甥・姪）を残して先に死亡している場合はどうなるでしょうか。

　この場合もやはり兄弟姉妹の子が兄弟姉妹に代わって相続をすることになります。しかし、気をつけるのは、**再代襲がされない**点です。

　つまり、兄弟姉妹の子の子には、相続をする権利がないのです。

相続人を確認しよう フローチャート　　　旧法の場合 P48

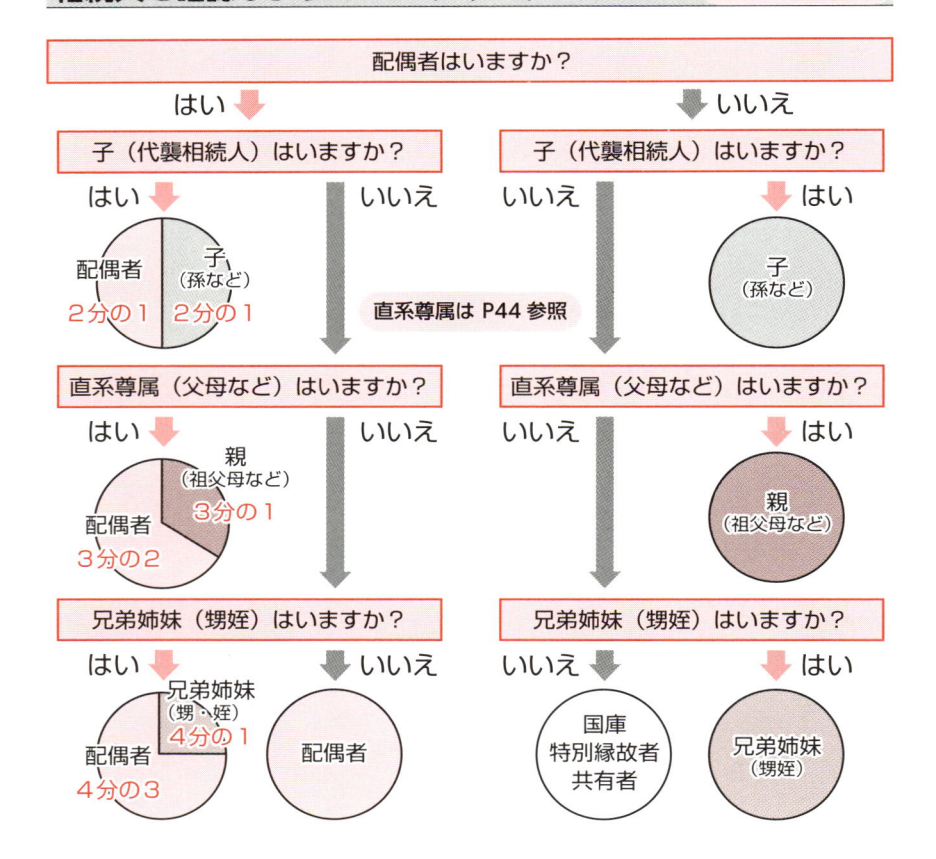

3 遺言があったらどうなるの？

遺言は、原則として遺産分割協議や法定相続に優先します。

遺言がある場合

亡くなられた方が遺言を残していた場合は、その遺言書に書かれた思いを反映させる形で相続手続を行うことができます。

遺言書がある場合は、**遺産分割協議や法定相続に優先して**、遺言書の内容を尊重させた形で手続を行うことができるのです。

遺言によって相続人以外の者が遺贈を受けることもありますが、この本では、遺言によって相続人が相続をする場合に限定して説明しています。

なお、相続人全員が同意をすれば、遺言に定められた内容とは異なる内容の遺産分割協議を行うことができる場合があります。

ただし、遺言執行者が選任されている場合は、遺言執行者の同意が必要になります。また、遺言で一定期間遺産の分割が禁止されていることもありますので、慎重に確認しましょう。

遺言でできること

遺言によって法律上の効力を生じさせることができる事項は、遺産分割方法の指定に限らず、遺贈や推定相続人の廃除、遺言執行者の指定、子の認知など、法律によって定められています。

遺言を残しておくことで、自分の思いを反映させることができます。
また、遺言によって相続争いを防ぐこともできます。財産の大きい小さいに関わらず、残される家族のために残しておきたいものです。

4 遺言にはどのような種類があるの？

遺言の種類について、代表的なものを確認しましょう。

法的な効力が認められ、登記申請の手続の際に使用できる遺言にはいくつか種類があります。ここでは代表的な形式である公正証書遺言と自筆証書遺言について説明します。

公正証書遺言とは

公正証書遺言とは、遺言者が、公証人の面前で遺言の内容を伝え、それに基づいて公証人が遺言者の意思を正確にまとめ、公正証書という形で作成する遺言です。作成する際には、2人以上の証人が必要です。

[公正証書遺言のメリット]

公証人の確認が入る・検認が不要・公証役場で安全に保管される

[公正証書遺言のデメリット]

費用がかかる・証人が2人以上必要

自筆証書遺言とは

自筆証書遺言とは、原則として遺言者が、全文、日付、氏名をすべて自筆し、押印する形で作成する遺言です。遺言者1人で作成できる遺言ですが、遺言者の死亡後の各種手続に際し、家庭裁判所での「検認」の手続が求められます（自筆証書遺言書保管制度を利用していた場合は検認不要）。 検認 P95

[自筆証書遺言のメリット]

手軽に作成できる・1人で作成できる・費用がほとんどかからない

[自筆証書遺言のデメリット]

形式や内容に不備が残る可能性・保管や管理の難しさ

 **遺言は有効でも登記手続ができないことがあるの?**

遺言の効力自体が有効であっても、手続のために必要な文言が入っていなかったり、財産や人の特定が不十分であったり、不備があったりすると、遺言に基づいての相続登記手続ができないことがあります。その場合、相続人全員の署名・実印のある文書などを求められてしまうことが多く、結果として遺言が残された意味が薄れてしまうということがあります。

 **遺言書が複数出てきたらどうしたらいいの?**

遺言書は何度でも書き直すことができます。遺言書が複数残されていて、内容が抵触する部分は、前の遺言を撤回したものとみなします。遺言書ごとに形式が変わっても問題ありません。

どれが最新の遺言書かを確認し、手続をしましょう。

 **公正証書遺言・自筆証書遺言以外の遺言は?**

公正証書遺言と自筆証書遺言以外にも、法律的に有効な遺言の種類があります。秘密証書遺言と特別方式の遺言（死亡危急時遺言・伝染病隔離者遺言・在船者遺言・船舶遭難者遺言)です。

これらの遺言であっても法律上の要件を満たしていれば、これらに基づいた相続登記を申請することができます。

第2章

5 遺産分割協議ってどうするの？

みんなが納得する形で遺産を分配するための話し合い、それが遺産分割協議です。

遺産分割協議とは

　法律で法定相続分は定められていますが、相続人全員の話し合いによって、法定相続分とは関係なく自由に遺産を分けることができます。この遺産の分け方を決める話し合いを**遺産分割協議**といいます。

　遺産分割協議で大切なことは、相続人全員で行い、**全員が合意**するということです。協議に参加しない相続人や、遺産の分け方に納得しない相続人がいる場合は、遺産分割協議全体が成立しません。

　遺産分割協議が成立し、不動産を誰が相続するか決定してはじめて、遺産分割パターンによる相続登記ができるようになるのです。

遺産分割の代表的な３つの方法

①**現物分割**：遺産を現物のまま分割する方法

　（例：不動産を母、預金を長男、株式を長女が相続）

②**換価分割**：遺産を売却、現金化して、現金を分割する方法

　（例：3,000万円の不動産を売却し、相続分に応じて代金を分配）

③**代償分割**：特定の相続人が財産を相続する代償に、他の相続人に対して金銭などを支払う方法

　（例：長男が1,500万円の不動産をすべて相続する代償として、二男と長女にそれぞれ500万円ずつ現金を支払う）

遺産分割協議がまとまらない場合

　どうしてもまとまらないときは、家庭裁判所に遺産分割の調停または審判の申立ができます。弁護士に相談をしてみるのも１つの方法です。

ちょっと発展　遺産分割協議に参加できない人がいるとき

　高齢化が進む中で最近よく問題となるのは、相続人の中に認知症になってしまった方など遺産分割協議を自らの意思で行うことのできない方がいらっしゃるようなケースです。

　遺産分割協議は相続人全員で行う必要があるので、当然それらの方も当事者として遺産分割協議に参加する必要があります。しかし本人は正しい判断をすることができない状態にありますので、そのような判断能力が不十分な方が遺産分割協議などの大事な場面で不利益を受けないように、**成年後見人（または保佐人、補助人）**を選任してもらい、それらの方に遺産分割協議に関わっていただく必要が生じます。

　成年後見人となった者が相続人の1人で後見監督人が選任されない場合には、自らの相続人としての立場と成年後見人としての立場で、利益が相反する関係になってしまいますので、このような場合はさらに、**特別代理人**を選任しなければならなくなります。

　また、相続人の中に未成年の方がいる場合、その未成年者も当然遺産分割協議の当事者になります。この場合も、未成年者の代わりに遺産分割協議に参加する**特別代理人**を選任しなければならなくなることがあります。

　これら成年後見人の選任申立や特別代理人の選任申立は家庭裁判所に対して行います。難しい場合は、弁護士や司法書士に相談しましょう。

6 相続って絶対にしなければいけないもの？

多額の借金が残っていた場合などはどうしたらよいでしょうか。

相続発生と相続放棄

相続が発生すると、相続人に財産を引き継ぐ権利が発生します。

相続財産というのはプラスの財産だけではありません。亡くなられた方の借金などの**マイナスの財産も相続の対象**になります。

マイナスの財産しか残されていない場合や、プラスの財産をマイナスの財産が大幅に上回る場合など、相続をしたくない事情がある場合、相続人はどうしたらよいでしょうか。このような場合に、家庭裁判所に**相続放棄**の申述をして認められると、その者は相続人にならなかったものとみなされます。相続人にならなかったものとみなされるということは、財産を一切引き継がないことになります。そのため、相続放棄をした方は相続人としての相続登記を行う必要がありません。

なお、相続放棄の申述は**自己のために相続の開始があったことを知った時から3か月以内**に行わなければならないとされています。

限定承認とは

限定承認とは、亡くなられた方が残した相続財産について、プラスの相続財産の範囲内でマイナスの財産を引き継ぐというものです。**共同相続人全員で、自己のために相続の開始があったことを知った時から3か月以内**に申述しなければならないとされています。事案によっては選択したほうがよいこともありますが、手続が複雑なため、判断に迷ったときは専門家に相談されることをおすすめします。

なお、限定承認の場合は、登記手続が生じる可能性がありますが、専門的な手続になりますのでこの本では触れていません。

相続放棄や限定承認ができなくなるとき

相続人が限定承認や相続放棄の手続をしない場合は、亡くなられた方の一切の相続財産を承継することになります。これを**単純承認**といいます。

また、以下のような場合には単純承認をしたものとみなされ、限定承認や相続放棄ができなくなってしまいますので気をつけましょう。

①相続人が相続財産の全部または一部を処分したとき（ただし、保存行為等は除く）。

②定められた期間内に限定承認や相続放棄の申述をしなかったとき。

③限定承認や相続放棄をした後であっても、相続財産の全部または一部を隠匿し、ひそかにこれを消費し、または悪意でこれを相続財産の目録中に記載しなかったとき（ただし、相続人となった者が相続を承認した場合は除く）。

ちょっと確認 　「法律上の相続放棄」と「財産を放棄すること」の違い

相続人同士の話し合いの中で「財産を放棄する」という表現は、比較的よく使われていると思います。

前のページで説明をしたとおり、法律上の相続放棄は家庭裁判所に申述をするもので、相続放棄をすることにより相続人とならなかったものとみなされます。また、定められた期間内に申述をしないといけません。

相続人同士の話し合いにおける「財産を放棄する」というのは法律上の相続放棄ではなく、その財産については相続をしないということの意思表示に過ぎないことが多いです。

この場合は、原則どおり、それらの者も含めた相続人全員が遺産分割協議に参加することが必要になります。

登記以外の相続手続には何がある?

登記以外にも手続が必要な相続財産はたくさんあります。

　相続の際に必要になる財産に関する手続は相続登記だけではありません。相続財産に関する代表的な手続をここでまとめてみます。

　亡くなられた方の相続財産をきちんと確認し、手続を進めるようにしましょう。

■財産に関する代表的な手続

財産・種類	窓　口	注意点
預貯金 名義変更等	各金融機関	必要になる手続や書類を各金融機関に確認しましょう。
株　式 名義変更等	証券会社など	証券会社で管理されていない会社の場合は、直接会社に確認をしましょう。
生命保険 請求手続等	保険会社	必要になる手続や書類を保険会社に確認しましょう。
死亡退職金 支給手続等	勤務先	死亡退職金の規定があるかどうか確認しましょう。
自動車 名義変更等	運輸支局・自動車検査登録事務所	自動車も名義変更の手続が必要になります。
光熱費 契約変更等	各会社	支払の停止や支払方法の変更など、各社に確認しましょう。
クレジットカード 解約手続等	銀行 信販会社など	請求書や明細などを元に各社に連絡しましょう。残高を確認しましょう。
住宅ローン 変更手続等	金融機関	団体信用生命保険の有無をチェックしましょう。

第3章

相続登記の基本パターンと
登記申請書を知ろう
〜前提知識の確認 その2〜

「登記」のことと「相続」のこと、イメージできましたでしょうか。

この章では、今まで確認したことをベースに、これから具体的にどのように相続登記の準備を進めていけばいいのか、「遺産分割」「法定相続」「遺言」の基本の3つのパターンに分けて説明していきます。自分がどのパターンにあたるのかを確認したところで、作成する登記申請書の基本を勉強します。この章で、これからの手続全体のイメージをつかんでいきましょう。

1 相続登記の基本パターン3つを確認しよう

ひとくちに相続登記といっても、すべてが同じ手続ではありません。

パターン①　**遺産分割協議**による相続登記

　誰がその不動産を取得するのか、相続人全員で話し合いをした上で、相続登記をするパターンです。最も一般的な形式です。

パターン②　**法定相続**による相続登記

　相続人全員で、法定相続分どおりに相続登記をするパターンです。

　話し合いがまとまる前でも法定相続による相続登記をすることができます。

パターン③　**遺言**による相続登記

　亡くなられた方が遺言書を残しており、その遺言書の内容に従って不動産を取得する相続人が相続登記をするパターンです。

　公正証書遺言以外の遺言の場合は、家庭裁判所へ検認という手続をする必要があるなど、パターン①②とは少し手続が異なります。

ちょっと発展　相続人以外の者による遺言に基づく登記

　遺言によって相続人でない者が遺贈を受ける場合は、「遺贈」による所有権移転登記を行います。遺贈による所有権移転登記は、①相続人もしくは遺言執行者と②遺贈を受ける者との共同申請で行う必要があり、登録免許税率も課税価格の2％（1,000分の20）であるなど、3つのパターンとはまったく形式が異なります。この本で説明している相続登記ではありませんので、ご注意ください。

2 自分の基本パターンを確認しよう

あなたが行いたい相続登記がどのパターンに該当するか、フローチャートで確認してみましょう。

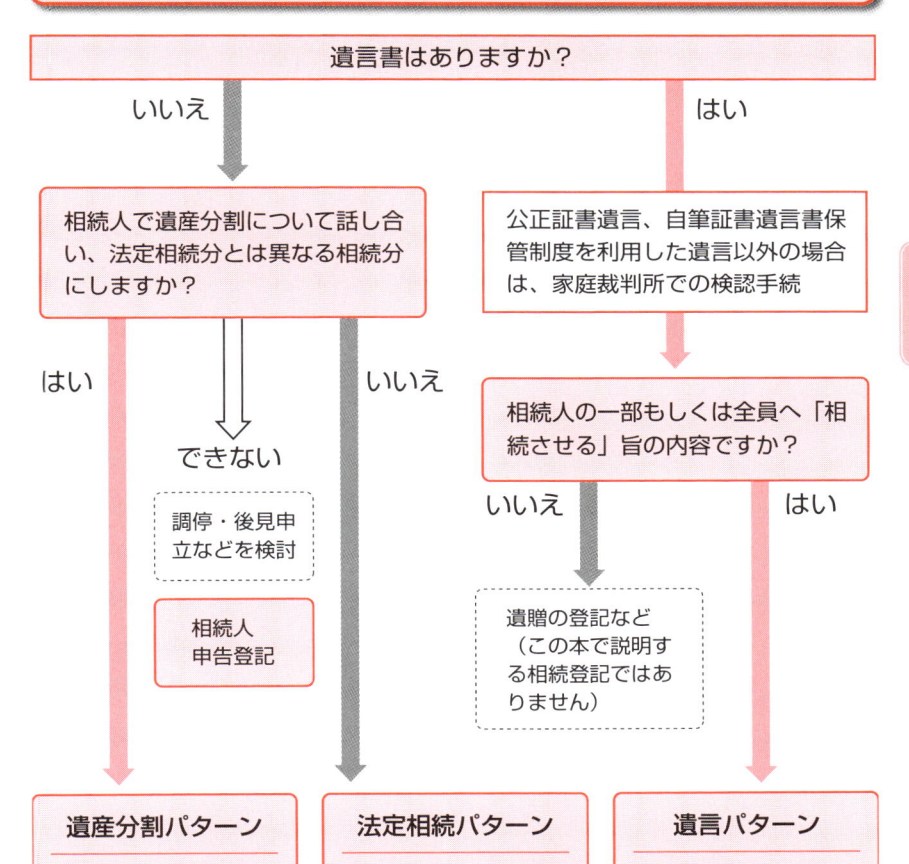

遺言書はありますか？

いいえ / はい

相続人で遺産分割について話し合い、法定相続分とは異なる相続分にしますか？

公正証書遺言、自筆証書遺言書保管制度を利用した遺言以外の場合は、家庭裁判所での検認手続

はい / いいえ

できない

調停・後見申立などを検討

相続人申告登記

相続人の一部もしくは全員へ「相続させる」旨の内容ですか？

いいえ / はい

遺贈の登記など（この本で説明する相続登記ではありません）

遺産分割パターン
最も一般的な形式。遺産分割協議書を作成して登記を行います。

法定相続パターン
いちばんシンプルな手続パターンです。法定相続分の割合で登記を行います。

遺言パターン
遺言の形式により、特有の手続や注意点が出てきます。確認して登記を行います。

3 遺産分割パターンについて

遺産分割パターンで必要になる書類・手続を確認しましょう。

遺産分割パターンの**難易度**を確認しましょう

遺産分割パターンは、相続登記の最も一般的なパターンです。遺産分割協議書を作成するのがいちばんのポイントです。

手続の流れを確認しましょう

他のパターンとの違いは、**遺産分割協議があること**です。

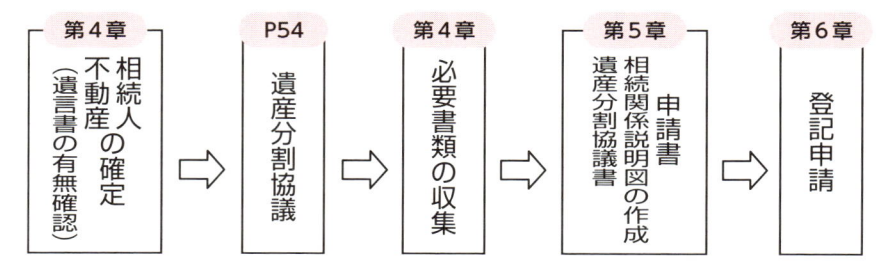

第4章	P54	第4章	第5章	第6章
相続人の確定 不動産の確定 （遺言書の有無確認）	遺産分割協議	必要書類の収集	相続関係説明図の作成 遺産分割協議書 申請書	登記申請

必要な書類を確認しましょう

遺産分割パターンの原則的な必要書類を一覧で確認しておきましょう。

遺産分割協議書（作成）	P142	相続人の印鑑証明書	P101
不動産相続人の住民票の写し	P100	相続人の戸籍証明書	P124
亡くなられた方の住民票（除票）または戸籍（除籍）の附票の写し	P98 / P123	亡くなられた方の戸籍（除籍）証明書 除籍証明書、改製原戸籍謄本など	P115 / P117
固定資産評価証明書	P127	収入印紙	P133
相続関係説明図（作成）	P136	申請書（作成）	P148

4 法定相続パターンについて

法定相続パターンで必要になる書類・手続を確認しましょう。

法定相続パターンの**難易度**を確認しましょう

　法定相続パターンは、遺産分割協議書を作成しない分、遺産分割パターンよりもシンプルな形式になります。ただし、あくまで法定相続分どおりに登記する必要があることに注意しましょう。

手続の流れを確認しましょう

第3章

　遺産分割協議がない分、遺産分割パターンよりシンプルです。

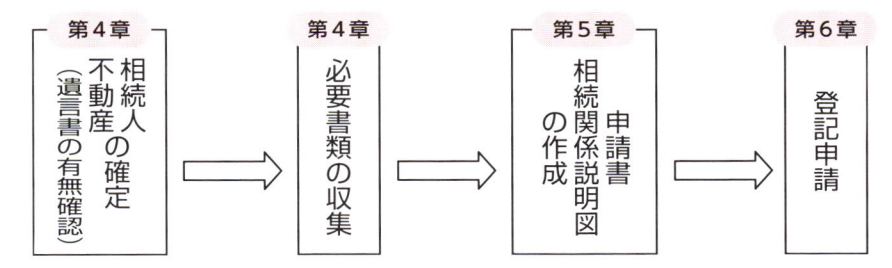

第4章
相続人の確定
不動産の確定
（遺言書の有無確認）

→

第4章
必要書類の収集

→

第5章
相続関係説明図の作成
申請書

→

第6章
登記申請

必要な書類を確認しましょう

　法定相続パターンの原則的な必要書類を一覧で確認しておきましょう。

相続人の住民票の写し	P100	相続人の戸籍証明書	P124
亡くなられた方の住民票（除票）または戸籍（除籍）の附票の写し	P98 P123	亡くなられた方の戸籍（除籍）証明書 除籍証明書、改製原戸籍謄本など	P115 P117
固定資産評価証明書	P127	収入印紙	P133
相続関係説明図（作成）	P136	申請書（作成）	P159

5 遺言パターンについて

遺言パターンで必要になる書類・手続を確認しましょう。

遺言パターンの**難易度**を確認しましょう

　遺言パターンは、他と比べると集める戸籍関係書類は少なくて済む場合が多いのですが、公正証書遺言、自筆証書遺言書保管制度を利用した遺言以外の遺言の場合は、検認の手続が必要になります。

手続の流れを確認しましょう

　公正証書遺言かどうかが、大きなポイントになります。

P82 - P46	P92	第4章	第5章	第6章
相続人・不動産の確認	遺言書の有無確認	必要に応じて必要書類の収集 家庭裁判所への手続	相続関係説明図の作成 申請書	登記申請

必要な書類を確認しましょう

　遺言パターンの原則的な必要書類を一覧で確認しておきましょう。

遺言書	復習 P51　検認 P95		不動産相続人の戸籍証明書	P124
不動産相続人の住民票の写し	P100		亡くなられた方の戸籍(除籍)証明書	P115
亡くなられた方の住民票(除票)または戸籍(除籍)の附票の写し	P98 P123		先順位の相続人がいないことがわかる戸籍関係書類(場合により)	P71
固定資産評価証明書	P127		収入印紙	P133
相続関係説明図（作成）	P136		申請書（作成）	P168

遺言パターンの**相続登記**とは

①相続人の一部もしくは全員に対して、②「相続させる」旨の遺言が残されている場合の相続登記が、この本で説明する遺言パターンの相続登記です。相続人以外の者に「相続させる」または「遺贈する」旨の遺言が残されている場合は、「遺贈による所有権移転登記」を申請する必要があり、手続が大きく異なります。

遺言パターンの**注意点**

遺言に基づいて手続を進めるためには、遺言書の形式に問題がないことと、遺言書の内容に問題がないことをそれぞれ確認する必要があります。形式と内容、どちらか一方でも問題がある場合は、遺言に基づく手続ができないことがあります。

遺言の形式と内容の代表的な注意点	
形式の注意点	法律で定められた方式に従った遺言かどうか
内容の注意点	当事者はきちんと特定されているかどうか
	相続財産はきちんと特定されているかどうか

遺言の有効性と**検認手続**

公正証書遺言、自筆証書遺言書保管制度を利用した遺言以外の遺言の場合は検認の手続を行う必要がありますが、検認が無事に済んだからといって遺言の内容に問題がないことが認められたわけではありません。公正証書遺言以外の遺言の場合は、公正証書遺言の場合に比べて、遺言の内容に疑義のある場合が少なくありません。

遺言に基づく登記が可能か否かは、法務局が最終的に判断します。疑義がある場合は管轄の法務局に照会することをおすすめします。

6 登記申請書の基本を勉強しよう

パターンは違っても「登記申請書」の基本は同じです。

　相続登記に関する基礎知識の確認が終わりましたので、次の章からはいよいよ具体的な書類集めや書類作成の手続に入っていきます。

　各相続パターンに従い、さまざまな書類を収集・作成していくのですが、その前に、最終的に目指す登記申請書の完成形をここで確認しておきましょう。

登記申請書の完成形を確認しましょう

　作成する申請書（ 第5章 ）と、必要書類（ 第4章　第5章 ）をそろえて、一式組み上げたものが、これから完成を目指す「登記申請書」です。

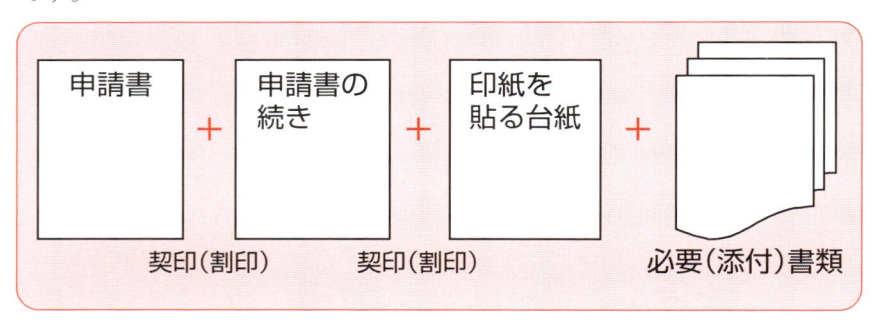

　申請書には、申請する相続登記の具体的な内容を順番に記載し、盛り込んでいきます。

　それでは、実際に作成することになる申請書の記載例を見ながらもう少し細かく確認していきましょう。

　事例ごとの申請書については第5章で詳しく説明しますので、ここでは一般的な遺産分割パターンの申請書を確認していきます。

申請書を具体的に見てみましょう

事例：父佐藤一郎が令和6年1月1日に亡くなり、相続人は妻花子、長男太郎、長女花江の3人です。遺産分割協議で長男太郎が一郎名義の土地を相続することに合意しました。

第3章

法務局の処理の関係上、上部を6センチほど余白に

登 記 申 請 書 →①

登記の目的　所有権移転　→②

原　　　因　令和6年1月1日　相続　→③

相　続　人　（被相続人　佐藤一郎）→④

　　　　　　　東京都大田区池上九丁目9番9号

　　　　　　　（住民票コード12345678901）→⑤

　（申請人）佐　藤　太　郎　（佐藤印）

氏名ふりがな	さとう　たろう
生年月日	昭和36年6月7日
メールアドレス	satotaro310@example.com

　　　　　　　連絡先の電話番号　03−○○○○−○○○○

添 付 情 報　登記原因証明情報→⑥−1　住所証明情報→⑥−2

　└⑥　　　（代理権限証明情報→⑥−3）

令和　　年　　月　　日申請　横浜地方法務局→⑦

課 税 価 格　金　　　万　　　円　　→⑧

登録免許税　金　　　万　　　円　　→⑨

不動産の表示　→（次の項目で詳しく説明しています）

　不動産番号　　0123456789101

　所　　　在　　横浜市中区石川町六丁目

　地　　　番　　12番34

　地　　　目　　宅地

　地　　　積　　60.45平方メートル

①登記申請書の体裁〈全パターン共通〉

申請書の頭には「**登記申請書**」と記載します。

申請書は**Ａ４用紙を縦置き・横書き**の形式で、原則、不動産ごとに作成してください。 複数不動産を一括申請できる場合 P79

紙質は長期間保管できる丈夫なもの（**上質紙等**）にし、申請書の上部は、法務局の処理のため６センチメートルほどスペースをあけましょう。

文字はパソコンで入力して印字する方法が主流ですが、黒色ボールペンなどによる手書きの方法でも構いません（鉛筆や温度変化によりインキが消えるペンはＮＧ）。１枚におさまりきらない場合は、もう１枚用紙を準備し、**裏面は使わないように**してください。

申請書には申請人全員が印鑑を押し、申請書が２枚以上になるときは、用紙と用紙のつながりがわかるように契印（割印）をします。（申請人が２名以上の場合は、１名が契印（割印）することで差し支えありません。）

また、申請書に記載する数字についてですが、基本的にはアラビア数字（例：１２３……）を用いて差し支えありません。ただし、住所や不動産の表示における「○丁目」の○に入る部分は、漢数字を用いる取扱いになっています（例：千代田区丸の内**五丁目**２番３号）。

ちょっと発展　登記申請書の訂正の方法

登記申請書は、捨印や訂正印によって誤字・脱字を訂正することができます。訂正方法には直接法と間接法があります。 詳しくは P145

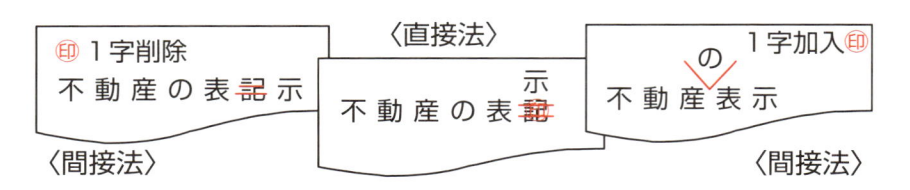

※捨印や訂正印は、申請書に押印したものと同じ印鑑を使用します。

②登記の目的〈全パターン共通〉

　「登記の目的」の欄には、どのような権利についてどのような登記をするかを記載します。

　相続登記の場合は、亡くなられた方が不動産をどのように所有していたかによって書き方が変わります。

　　佐藤一郎が不動産を１人で所有　　　→　　**所有権移転**

　　佐藤一郎が不動産を２人以上で共有　→　　**佐藤一郎持分全部移転**

③原因〈全パターン共通〉

　「原因」の欄には、権利が変動した原因となる事実または法律行為を記載します。

　この本で説明をする３つのパターンの場合は、「**年月日　相続**」と記載します。日付は、**相続が発生した日（亡くなられた日）** を記載します。

④相続人〈全パターン共通〉

　「相続人」の欄には、亡くなられた方の氏名をカッコの中に「**（被相続人　亡くなられた方の氏名）**」といった形で記載し、その下に実際に所有権を相続する人の住所・氏名を記載します。持分を移転する場合や、共有となる場合は、氏名の前にその持分も記載します。

　住所は「１－２－３」というように省略せず、**「一丁目２番３号」というように省略のない形で記載します**。氏名も住民票記載のとおり正確な氏名を記載しましょう。

　また、手続を代理人に委任せず、実際に所有権を相続する人が行う場合は、名前の横に**印鑑**を押します。**印鑑は認印で構いません**が、申請人が複数の場合は、名字が同じでもそれぞれ別の印鑑を使用します。

　登記申請書に不備があった場合などは法務局から連絡がきますので、その連絡先となる電話番号も記載しましょう。

⑤住民票コード〈全パターン共通〉

　住民票コードを記載することで、⑥-2にて後述する添付書類としての住所証明情報（住民票の写しなど）の提出を省略することができます。

⑥添付情報〈全パターン共通〉

　「添付情報」の欄には、申請書に添付する書類の名称を記載します。

　この本で説明をする相続登記の場合は、添付情報の記載は共通です。

　「**登記原因証明情報**」「**住所証明情報**」が必ず記載する必要がある基本の2つです。もし、新しく所有者になる方が他の方に相続手続を委任するときは「**代理権限証明情報**」も記載します。

　なお、申請書が2件以上になるときであっても、同じ「相続」を原因とし、同時に同じ法務局に提出する場合は、各申請書に共通する添付書類の原本は1部ずつ添付することで足ります。この場合は、そのことがわかるように2件目以降の申請書の添付情報欄に「登記原因証明情報（一部前件添付）」「住所証明情報（前件添付）」のように記載しましょう。

　続いて、それぞれの具体的な書類を見てみましょう。

⑥-1　登記原因証明情報〈パターンによって違う〉

　登記原因証明情報とは、登記の原因となる事実（相続など）または法律行為（売買など）と、これに基づいて実際に不動産につき権利変動が生じたことを証明する情報・書面のことをいいます。

　相続登記の場合は、パターンによって、具体的に何が登記原因証明情報となるのかが異なります。なお、各パターンの原則的な登記原因証明情報は次ページのとおりです。

　事例では、一郎の出生から死亡までつながる一連の戸籍・除籍・改製原戸籍謄本、一郎の住民票（除票）の写し、花子・太郎・花江の戸籍証明書、遺産分割協議書、印鑑証明書などが必要になります。

■遺産分割パターン（原則）

亡くなられた方の戸籍（除籍）証明書	P115
相続人が誰なのかを証明する除籍証明書・改製原戸籍謄本など	P117
亡くなられた方の住民票（除票）または戸籍（除籍）の 附票の写し	P98・P123
相続人全員の戸籍証明書	P124
遺産分割協議書（作成）	P142
相続人全員の印鑑証明書	P101

■法定相続パターン（原則）

亡くなられた方の戸籍（除籍）証明書	P115
相続人が誰なのかを証明する除籍証明書・改製原戸籍謄本など	P117
亡くなられた方の住民票（除票）または戸籍（除籍）の附票の写し	P98・P123
相続人全員の戸籍証明書	P124

■遺言パターン（原則）

亡くなられた方の戸籍（除籍）証明書	P115
亡くなられた方の住民票（除票）または戸籍（除籍）の附票の写し	P98・P123
不動産を取得する相続人の戸籍証明書	P124
遺言書	検認 P95　　基本 P51
先順位の相続人が存在しないことがわかる戸籍（※場合により）	

※先順位の相続人が存在しないことがわかる戸籍が必要な場合

　遺言によって相続する人が、第二順位（父母、祖父母など）、第三順位（兄弟姉妹）の者あるいは代襲相続人（孫など）であるときは、原則としてそれらの者が相続人であること（先順位の相続人が存在しないこと）を証明するための戸籍関係書類（除籍証明書・改製原戸籍謄本など）が必要になります。遺言による所有権移転の登記は、不動産を取得する方が相続人であるかそうでないかで手続が大きく異なるからです。　参考 P65

⑥－2　住所証明情報〈全パターン共通〉　詳しくは P100

　不動産登記においては、架空の人物によって登記がされてしまうことを防ぐため、新たに不動産の所有者になる人の住所を証する書面を添付する必要があります。具体的には、**住民票の写しや戸籍の附票の写し**です。

　事例のケースでは不動産の所有者となるのは長男である太郎だけなので、太郎のみの住民票の写しで足ります。花子や花江も所有者となる場合は、それぞれの住民票の写しも必要です。

⑥－3　代理権限証明情報〈全パターン共通〉　詳しくは P146

　相続登記は、新しく不動産の所有者となる人が全員で登記を申請するのが原則ですが、司法書士や相続人の代表者、親族に登記申請手続を任せることもできます。その場合には、手続を任された者が、確かに所有者となる方から委任を受けていることを明らかにするために、**委任状**を添付します。

　事例のケースで、例えば、太郎が相続登記の手続を花子に委任したいときは、太郎から花子への委任状を作成し、添付します。

　また、委任状には「**登記識別情報通知書の受領に関する件**」という記載を盛り込むようにしましょう。

　登記識別情報通知書は、登記完了時に申請人ごと、また、不動産ごとに発行されるものです。新たに所有者になる者だけが受領できる書類のため、委任事項の中に登記識別情報通知書の受領に関する記載がない場合、代理人である花子は完了書類受領の際に、登記識別情報通知書を受け取れないことになってしまいます。

　新しく不動産の所有者となる人が複数いる場合は、それぞれが別々に登記識別情報通知書を受領する必要がありますが、上記のように委任すれば、委任を受けた者が代表して受け取ることができます。

⑥その他　評価証明書〈全パターン共通〉　詳しくは P127

　相続登記を申請する場合には、所定の登録免許税を納めなければなりません。その登録免許税の計算の根拠を証明する書類として、不動産の価格が確認できる書面を添付します。具体的には、**固定資産評価証明書**がそれにあたります（評価証明書は、法律上の添付書類ではないのですが、実務上は添付する取扱いです。申請書の添付書類の欄には記載しませんが、この本では必ず添付するものとして説明します）。

　固定資産評価証明書は、**相続登記を申請する年度のもの**である必要があります。また、相続登記を申請する年度の**固定資産税納税通知書**（課税明細書がついているもの）でも、価格の記載があれば評価証明書として使用できます。

第3章

ちょっと予習　添付書類の原本を返してもらおう

　頑張って準備した添付書類。他の手続で使うこともありますので、せっかくなら手元に戻してもらいたいものです。

　相続登記の添付書類は、以下のような**原本還付**という手続をすることで、登記が終了した際に、まとめて返してもらうことができます。

1）相続関係説明図を作成して、戸籍関係の書類を返してもらう

　戸籍証明書や除籍証明書、改製原戸籍謄本は、相続関係説明図を作成して添付することで、返却してもらうことができます。

2）コピーをつけて、戸籍関係以外の書類を返してもらう

　住民票の写しや遺産分割協議書、印鑑証明書、遺言書などの書類は、コピーをつけることで原本を返してもらうことができます。

詳しくは P174

⑦申請日と管轄 〈全パターン共通〉　　**詳しくは P90**

「申請日と管轄」の欄には、登記を申請する日付と管轄法務局を記載します。

窓口に持参して登記申請をする場合は、申請日を記載しましょう。

郵送で申請する場合、申請日は法務局に届く日を記載するのが原則ですが、空欄のままでも問題はないようです。

管轄の法務局は、登記をする不動産によって決まっています。管轄を間違えてしまうと、登記の却下事由になりますので、絶対に間違えないようにしましょう。

⑧課税価格 〈全パターン共通〉　　**詳しくは P129**

「課税価格」の欄には、登録免許税の計算の根拠となる課税価格を記載します。

課税価格は、固定資産評価証明書または固定資産税納税通知書の課税明細書に記載された固定資産の価格のうち、1,000円未満の金額を切り捨てた金額です。

1つの申請書に不動産が2つ以上ある場合は、すべての不動産の固定資産の価格を合算した後に、1,000円未満の金額を切り捨てます。

なお、固定資産の価格が1,000円に満たないときは、課税価格は1,000円となります。

⑨登録免許税 〈全パターン共通〉　　**詳しくは P129**

「登録免許税」の欄には、登録免許税の金額を記載します。

相続による所有権移転登記の際の登録免許税は、以下のとおりです。

課税価格×0.4％（1,000分の4）＝登録免許税

計算して出てきた金額の100円未満の金額は切り捨てます。

なお、登録免許税が1,000円に満たないときは、1,000円となります。

⑨その他　収入印紙の準備〈全パターン共通〉　詳しくは P133

　登録免許税の納付方法には収入印紙を登記申請書に貼付する方法と現金納付による方法がありますが、収入印紙を貼付する方法のほうが一般的ですので、この本では収入印紙による方法で統一しています。

　収入印紙は法務局内や、法務局の近くに売場が設置されていることがほとんどです。郵便局や一部のコンビニエンスストアでも取り扱いがされていますが、高額の収入印紙については用意がされていないこともありますのでご注意ください。

　収入印紙を登記申請書に貼る際は、申請書に白紙を1枚添付し、そこに貼るようにしましょう。申請書と収入印紙を貼った用紙は、必ず契印（割印）を押しましょう。　詳しくは P176

ちょっと予習　固定資産税が非課税でも登録免許税はかかる

　私道部分の土地などのように、固定資産税が非課税になっており、固定資産税を払う必要のない土地があります。

　しかし、非課税となっている土地の地目によっては、相続登記の際には課税価格を割り出して、それに基づいて登録免許税を納めなければなりません。

　例えば、その非課税の土地が「公衆用道路」の場合、東京法務局管内などでは「近傍宅地」と呼ばれる、公衆用道路に隣接した宅地の価格を元に算出して出てきた金額に100分の30を掛けた金額が課税価格となります。

　近傍宅地は勝手に決めることができません。相続する不動産の中に非課税の土地が含まれている場合は、算出方法について管轄の法務局に確認しましょう。　詳しくは P131

第3章

遺産分割協議書に申請書。不動産の記載方法はとても大切です。

「不動産の表示」の欄には、登記をする不動産の情報を記載します。

（なお、登記事項証明書に記載された不動産番号を記載することで、不動産の表示の記載の**一部または全部**を省略できます。）　詳しくは P150

ここでは、土地や建物、マンションなどの、省略をしない形での不動産の表示の記載方法を確認します。遺産分割協議書の作成の際も、同じように記載することで、登記の手続がスムーズに進みます。登記事項証明書を確認しながら記載しましょう。　登記事項証明書の読み方 P35

【土地の場合】 所在、地番、地目、地積を記載します。

所　　在	川崎市川崎区本町三丁目
地　　番	３３番1
地　　目	宅地
地　　積	１２３．４５平方メートル

【区分建物以外の建物の場合】　区分建物と区分建物以外の建物 P35

所在、家屋番号、種類、構造、床面積を記載します。

所　　在	川崎市川崎区本町三丁目　３３番地1
家屋番号	３３番1
種　　類	居宅
構　　造	木造瓦葺２階建
床 面 積	1階　６７．８９平方メートル
	2階　６７．８９平方メートル

【敷地権付区分建物の場合１】 「一棟の建物の表示」と「専有部分の建物の表示」、「敷地権の表示」を順番に記載します。　敷地権付区分建物 P36

一棟の建物の表示
　　所　　　在　　港区芝八丁目８番地８
　　建物の名称　　芝マンション ←

> 登記事項証明書の一棟の建物の表示に「建物の名称」があるときは、構造と床面積を省略できます

専有部分の建物の表示
　　家 屋 番 号　　芝八丁目　８番８の１０１
　　建物の名称　　１０１
　　種　　　類　　居宅
　　構　　　造　　鉄筋コンクリート造１階建
　　床 面 積　　１階部分　５５．５５平方メートル
敷地権の表示
　　土地の符号　　１
　　所在及び地番　港区芝八丁目８番８
　　地　　　目　　宅地
　　地　　　積　　５５５．５５平方メートル
　　敷地権の種類　所有権
　　敷地権の割合　１００００分の１０

第3章

【附属建物がついている場合】　区分建物以外の建物の場合はその表示の次に、区分建物の場合は「専有部分の建物の表示」の次に「附属建物の表示」を記載します。

附属建物の表示
　　符　　　号　　１
　　種　　　類　　物置
　　構　　　造　　鉄筋コンクリート造スレート葺平家建
　　床 面 積　　１２．３４平方メートル

【敷地権付区分建物の場合２】　登記事項証明書の「一棟の建物の表示」欄に「建物の名称」がない場合は、構造と床面積をすべて記載します。

```
一棟の建物の表示
  所      在      港区芝八丁目８番地８
  構      造      鉄筋コンクリート造陸屋根５階建
  床 面 積      １階　１００．００平方メートル
                  ２階　１００．００平方メートル
                  ３階　１００．００平方メートル
                  ４階　１００．００平方メートル
                  ５階　１００．００平方メートル
専有部分の建物の表示
  家 屋 番 号      芝八丁目　８番８の１０１
  建物の名称      １０１
  種      類      居宅
  構      造      鉄筋コンクリート造１階建
  床 面 積      １階部分　５５．５５平方メートル
敷地権の表示
  土地の符号      １
  所在及び地番　港区芝八丁目８番８
  地      目      宅地
  地      積      ５５５．５５平方メートル
  敷地権の種類　所有権
  敷地権の割合　１００００分の１０
```

【敷地権付でない区分建物の場合】　敷地権付区分建物ではない区分建物の場合は、敷地権付区分建物の表示から「敷地権の表示」を除いた部分を記載します。

8　まとめて1件で登記申請できる場合を確認しよう

複数の不動産をまとめて申請できる場合があります。

　登記申請は、不動産ごとに登記申請書を作成するのが原則ですが、複数の不動産をまとめて1件で登記申請できる場合があります。

　例えば、亡くなられた方が同一管轄区域内に土地、建物を所有していて、そのすべての土地、建物を同じ相続人が1人で相続をする、あるいは、同じ複数の相続人が同じ割合で相続するといった場合です。

　1件で申請ができる場合でも、かえってわかりにくくなってしまいそうな場合は、原則どおり別々に相続登記を申請することをおすすめします。

第3章

> **例1）** 亡くなられた方が単独で所有していた同一管轄区域内の土地と建物を、遺産分割協議によって妻がすべて単独で相続
> 　　⟹**1件の登記申請で土地と建物について相続登記可能**
>
> **例2）** 亡くなられた方が単独で所有していた同一管轄区域内の土地と建物を、妻と子がそれぞれ2分の1ずつの法定相続分で相続
> 　　⟹**1件の登記申請で土地と建物について相続登記可能**
>
> **例3）** 亡くなられた方が単独で所有していた土地と建物について、遺産分割協議によって、土地は妻が、建物は長男がそれぞれ単独で相続
> 　　⟹**土地と建物についてそれぞれ別々に相続登記を申請**

ちょっと発展　相続に関連する登記あれこれ

　第3章のとおり、この本では相続登記に関する3つのパターン（遺産分割、法定相続、遺言）を自分でできるよう順番に説明をしています。また、第7章では、相続登記に関連して発生する可能性の高い登記（住所変更、氏名変更、抵当権抹消）についても簡単に触れています。

　相続に関連する登記としては、他に以下のようなものがあります。

①遺贈による所有権移転登記

　亡くなられた方が遺言を残していて、以下のような文言になっている場合は、**遺贈**による所有権移転登記を行うことになります。

例）「（相続人以外の）○○に遺贈する（相続させる）」　**参考 P60**

②相続による抵当権の債務者変更登記

　住宅ローンなどを組んだ場合は、不動産登記簿の乙区に抵当権設定登記がなされます。抵当権設定登記には、債権額と債務者などが登記されます。この債務者に相続が発生した場合に、債務者を相続人に変更する登記が債務者変更登記です。

　この登記は、抵当権者と所有権登記名義人の共同申請で行う必要があります。登録免許税は、不動産1個につき1,000円です。

③法定相続登記後の遺産分割による所有権移転登記

　いったん法定相続による相続登記が完了したのちに、遺産分割が成立した場合の遺産分割による所有権移転登記です。遺産分割により持分をもらい受ける者を権利者、持分を移転する者を義務者として共同申請で行うことになります。登録免許税は、課税価格の0.4％（1,000分の4）です。

第4章

相続登記に必要な書類を集めよう
〜事前準備 その1〜

　準備する登記申請書の登記のパターンの確認が終わりました。いよいよ登記申請書の具体的な準備が始まります。

　この章では、登記申請書の作成のために必要になるさまざまな書類の意味や集め方を説明しています。第3章で確認した登記パターンを参考に、1つずつ集めてください。

　最大の山場は戸籍の収集です。戸籍の種類や読み取り方について、しっかり確認しておきましょう。

1 どんな不動産があるか確認しよう

思わぬ不動産が現れることは、相続登記の場面ではよくあること。
どんな不動産を所有していたのか、確認してみましょう。

地番や家屋番号を確認しましょう

　例えば自宅や別荘の場合など、不動産が存在することを知っていても、それだけでは相続登記の手続には十分ではありません。

　日本では、全国の１つ１つの土地や建物を識別できるように、土地には「**地番**」、建物には「**家屋番号**」が土地や建物ごとにそれぞれつけられるようになっています。相続登記の手続で重要なのは、その不動産の「地番」や「家屋番号」を知ることです。

　どうしてでしょう。それは、不動産の内容を確認するために必要な登記事項証明書（登記簿謄本）を取得するには、「地番」や「家屋番号」で特定しなければならないからです。

　少し難しい点は、不動産の**「地番」や「家屋番号」はいわゆる住所とは違うことが多い**ということです。不動産の所在場所がわかっていたとしても、「地番」や「家屋番号」を知っていることにはなりません。では、「地番」や「家屋番号」はどのように確認をすればよいでしょうか。

納税通知書や権利証、登記簿謄本などから確認できます

　地番や家屋番号は、固定資産税納税通知書や、その不動産の権利証（登記済証）、登記識別情報通知書、登記簿謄本（登記事項証明書）などに記載されていますので、それらの書類から確認することができます。まずはそれらの書類がないかどうか、探してみましょう。

不動産がわからないときは**名寄帳**を取得しましょう

　都税事務所や市区町村役場で「**名寄帳**」という書類を取得するのも1つの方法です。名寄帳には原則として、亡くなられた方が管轄地域内に所有していた不動産が「地番」や「家屋番号」で特定する形式で記載されています。

　記載されているのはあくまで管轄地域内（市区町村単位）にある不動産だけということ、また、共有の場合は、市区町村によっては別途請求が必要な場合や名寄帳に反映されない場合もある点など注意が必要です。

　しかし、私道の持分など想定していなかった不動産が見つかることがありますので、どんな不動産があるのかあいまいな場合は、手掛かりとして名寄帳を取得することをおすすめします。

　なお、名寄帳を取得する際には、亡くなられた方の死亡の記載のある戸籍（除籍）証明書、請求者が相続人であることがわかる戸籍証明書、身分証明書などが必要になります。

法務局を上手に利用しましょう

　もし手元にある資料からは「地番」や「家屋番号」がわからない場合で、住所だけはわかっている場合は、管轄の法務局の窓口で確認してみましょう。住所から「地番」「家屋番号」を可能な範囲ではありますが教えてもらうことができます。また、法務局にあるブルーマップや地番検索システムで探してみるのも1つの方法です。

マンション・アパートの場合の地番と家屋番号

　マンションやアパートなどの区分建物の場合は、建物と土地が別々に登記されている場合と、建物と土地が一体となって登記されている場合があります。別々に登記されている場合は、建物の家屋番号と土地の地番についてそれぞれ確認をするようにしましょう。

2 登記事項証明書（登記簿謄本）を取得しよう

確認した地番や家屋番号で登記事項証明書を取得しましょう。

登記事項証明書は全国どこの法務局でも請求できます

　登記事項証明書は原則として、不動産の所在地にかかわらず、全国どこの法務局の窓口でも取得することができます（ごくまれに、管轄の法務局でしか取得できない不動産があります）。

　また、不動産の所有者にかかわらず誰でも取得することができます。

交付申請書に必要事項を記入して請求します

　確認できた地番や家屋番号を、交付申請書に記入し、窓口に提出して請求をします。交付申請書は法務局に置いてあります。また、法務省のホームページ（https://www.moj.go.jp/）からもダウンロードできます。

手数料は収入印紙で納めます

　登記事項証明書は1通につき600円の手数料がかかります（令和6年9月1日現在）。請求通数分の収入印紙を購入し、交付申請書に貼って提出する方法で納めます。収入印紙は郵便局などで購入することができます。法務局内にも収入印紙の販売窓口が置かれていることが多いです。

窓口以外の請求方法

　実際に窓口に行って請求する方法の他、郵送での請求やオンラインでの請求も可能です。オンラインで請求をするには申請者情報等の登録が必要になりますが、手数料は安くなります（令和6年9月1日現在）。

■登記事項証明書交付申請書サンプル

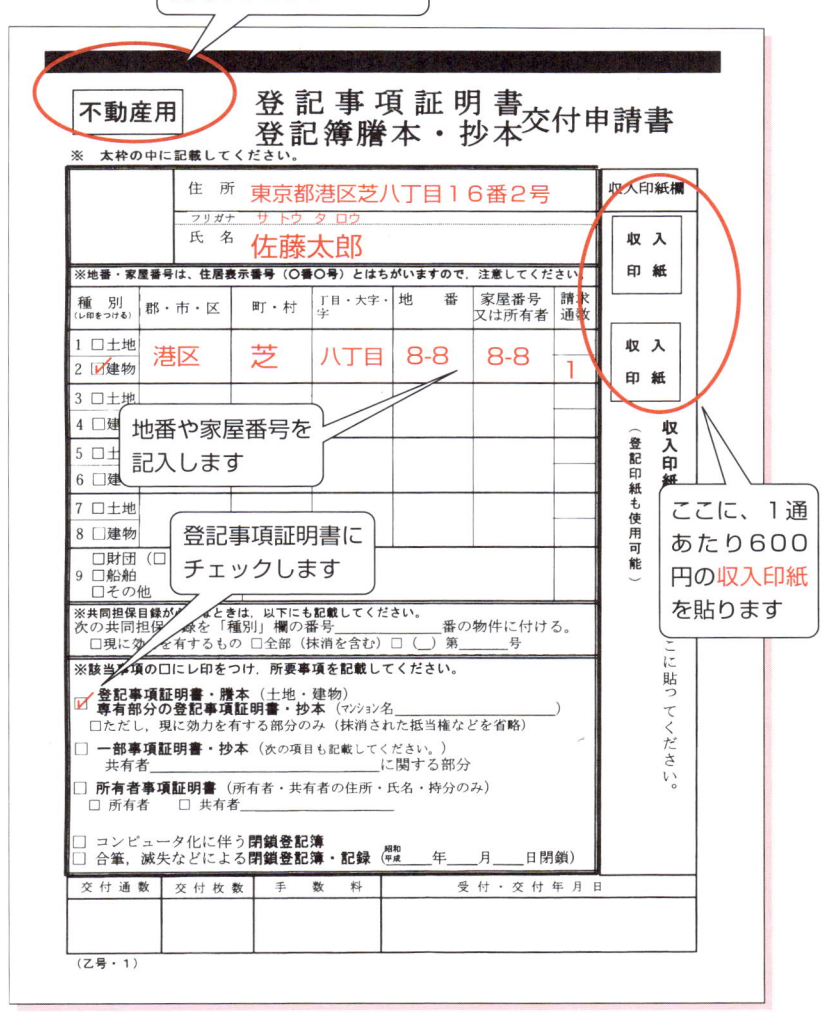

不動産用の交付申請書を使用しましょう

不動産用

登記事項証明書
登記簿謄本・抄本 交付申請書

※ 太枠の中に記載してください。

住　所	東京都港区芝八丁目１６番２号
フリガナ	サ トウ タ ロウ
氏　名	佐藤太郎

※地番・家屋番号は、住居表示番号（〇番〇号）とはちがいますので、注意してください。

種　別 （レ印をつける）	郡・市・区	町・村	丁目・大字・字	地　番	家屋番号 又は所有者	請求 通数
1 □土地 2 ☑建物	港区	芝	八丁目	8-8	8-8	1
3 □土地 4 □建物						
5 □土地 6 □建物						
7 □土地 8 □建物						
□財団（□　） 9 □船舶 □その他						

収入印紙欄

収　入
印　紙

収　入
印　紙

収入印紙（登記印紙も使用可能）

地番や家屋番号を記入します

登記事項証明書にチェックします

ここに、１通あたり６００円の収入印紙を貼ります

※共同担保目録が必要なときは、以下にも記載してください。
次の共同担保目録を「種別」欄の番号＿＿＿＿＿番の物件に付ける。
□現に効力を有するもの □全部（抹消を含む）□（＿＿）第＿＿＿＿号

※該当事項の□にレ印をつけ、所要事項を記載してください。
☑　登記事項証明書・謄本（土地・建物）
　　専有部分の登記事項証明書・抄本（マンション名＿＿＿＿＿＿＿＿）
　　□ただし、現に効力を有する部分のみ（抹消された抵当権などを省略）
□　一部事項証明書・抄本（次の項目も記載してください。）
　　共有者＿＿＿＿＿＿＿＿＿＿＿＿に関する部分
□　所有者事項証明書（所有者・共有者の住所・氏名・持分のみ）
　　□ 所有者　　□ 共有者＿＿＿＿＿＿＿＿

□ コンピュータ化に伴う閉鎖登記簿
□ 合筆、滅失などによる閉鎖登記簿・記録（昭和・平成＿＿年＿＿月＿＿日閉鎖）

交 付 通 数	交 付 枚 数	手　数　料	受 付・交 付 年 月 日

（乙号・1）

ここに貼ってください。

窓口で取得する場合

必要事項を記入した交付申請書に、手数料分の収入印紙を貼り、法務局の「登記事項証明書請求窓口」に提出します。

特別混雑していなければ、10分から20分程度で交付されます。

郵送で取得する場合

必要事項を記入した交付申請書に、手数料分の収入印紙を貼り、切手を貼った返信用封筒を同封の上、法務局に郵送します。

送付先の法務局は、原則として全国どこの法務局でも構いませんが、ごくまれに管轄の法務局でしか取得できない不動産があるので注意しましょう。なお、発送についても返信についても普通郵便で構いません。

■まとめ

取得できる場所	法務局（原則、全国どこでも取得できる）
取得できる人	誰でもＯＫ
取得方法	地番や家屋番号を記入した申請書を提出
手数料	1通600円（窓口取得・郵送取得）※

※50枚を超える場合は金額が加算されます。

ちょっと発展　登記情報提供サービスとは

一般財団法人 民事法務協会が運営する、不動産や会社・法人の登記情報などを、インターネットを利用してパソコンの画面上で確認できる有料のサービスです（https://www1.touki.or.jp/）。

法務局で発行される登記事項証明書とは違い、証明書としての効力はありませんが、請求をした時点での最新の登記情報を確認することができ、また、プリントアウトをすることもできます。基本的には、登記事項証明書の取得をおすすめしますが、手数料も安く済みますので、こちらのサービスをご利用いただくのも1つの方法です。

必要書類を郵送で請求する場合の注意点

　これから相続登記を申請するまでの間に、さまざまな書類を取得することになります。近所にすべての窓口がある場合はいいのですが、遠方に窓口がある場合には郵送で取得することで手間が省けます。ここで、一般的な郵送請求の方法を確認しておきましょう。

郵送請求の場合の必要書類　　※他の書類が必要になる場合があります。

交付申請書・手数料・返信用封筒（切手を貼ったもの）

身分証明書コピー（登記事項証明書の請求の際は不要です）

手数料の納付方法

郵送で書類を取得する際には、手数料も必ず同封しましょう。

手数料の納付は、以下の方法が一般的です。

【登記事項証明書（登記簿謄本）】

手数料分の収入印紙を交付申請書の所定の箇所に貼って納付

【住民票の写し、戸籍関係の書類、固定資産評価証明書】

手数料分の定額小為替（郵便局などで購入）を同封して納付

各交付申請書の取得方法

①請求先の機関のホームページでダウンロードする

②最寄りの窓口で交付申請書をもらい、宛先などを適宜変える

ポイント

　郵送で請求をする場合は、後で追加書類を送ったり、訂正をしたりしなくて済むよう、事前に電話などで確認をしておきましょう。

第4章

3 すべての不動産の登記事項証明書が取れたか確認しよう

相続登記を行う不動産の登記事項証明書がそろったか確認しましょう。

マンションの場合は、土地について注意が必要

　マンションやアパートなどの区分建物で、建物と敷地が登記上一体となっている場合（敷地権付区分建物）は、敷地権付区分建物の登記をすることで敷地部分に関しても建物と一体となって登記されるため、相続登記の申請準備は敷地権付区分建物に関して行うことになります。

　しかし、区分建物であっても建物と敷地が一体となっていない場合は、原則どおり建物と土地別々に登記申請の準備をする必要があります。

　区分建物で建物と土地が一体となっていない場合は、忘れずに土地の登記事項証明書を取得しましょう。　区分建物と登記事項証明書 P35-38

私道などの持分も忘れずに確認しましょう

　自宅の底地部分の土地だけではなく、実は私道の持分を持っていた、ということはないでしょうか。私道が非課税になっている場合は、納税通知書に載っていないこともあります。あいまいな場合は、土地の権利証や名寄帳などから、漏れがないかどうか念のため確認したうえで、必要に応じて登記事項証明書を取得しましょう。　名寄帳 P83

　戸建ての場合は、私道だけでなくゴミ置き場などの土地を近所の方と共有している場合があります。マンションの場合は、集会所や倉庫、ゴミ置き場などの建物持分を共有している場合もあります。

　細かいものでも、漏らしてしまうと後々になって問題が生じることになりますので、権利証など手元にある資料や、証明書などを必要に応じて取得して、漏れがないように確認しましょう。

4 登記事項証明書から所有者を確認しよう

第1章を復習しながら、不動産の登記内容を確認しましょう。

　登記事項証明書が取得できたら最初に行うのが、**所有者が誰なのか**という確認です。古い権利証があっても、実は既に売却済みで所有者は別の人になっていた、ということもあります。登記事項証明書の甲区を見て、亡くなられた方が確かにその不動産の所有者か確認しましょう。

登記事項証明書の読み方 P35

■登記事項証明書　甲区

権利部（甲区）（所有権に関する事項）			
順位番号	登記の目的	受付年月日・受付番号	権利者その他の事項
2	所有権移転	平成24年10月1日 第23456号 **ここを確認**	原因　平成24年10月1日売〔…〕 所有者　港区芝八丁目1番〔…〕 　大　山　太　郎
3	所有権移転	平成28年2月3日 第1987号	原因　平成27年12月28日相続 所有者　港区芝八丁目1番2号 　大　山　一　郎

> 大山一郎さんが所有権全部を持っていることが確認できます

権利部（甲区）（所有権に関する事項）			
順位番号	登記の目的	受付年月日・受付番号	権利者その他の事項
2	所有権移転	平成24年10月1日 第23456号 **ここを確認**	原因　平成24年10月1日売〔…〕 所有者　港区芝八丁目1番〔…〕 　大　山　太　郎
3	所有権一部 移転	平成28年2月3日 第1987号	原因　平成27年12月28日贈与 共有者　港区芝八丁目1番2号 　持分2分の1　大　山　一　郎

> 大山一郎さんが所有権の2分の1を持っていることが確認できます

第4章

5 不動産の管轄を確認しよう

登記は不動産を管轄する法務局に申請します。
管轄の法務局を確認しましょう。

不動産の管轄は登記を申請するために大切な情報です

　登記事項証明書は、原則、全国どこの法務局でも取得することができます。しかし、最終的に相続登記を申請する際には、その**不動産を管轄する法務局に申請**しなければなりません。

　ここで、今回相続する不動産の管轄について確認しておきましょう。

管轄は相続する不動産の所在地で確認します

　それでは、実際に相続する不動産の管轄はどのように確認すればよいでしょう。**管轄は、不動産の所在地によって決められています。**

　取得した登記事項証明書の表題部から不動産の所在地を確認し、この所在地の管轄がいったいどこになるのかを確認していくことになります。

　なお、現在の登記事項証明書は、管轄外の法務局で取得した場合、最終ページの下部に管轄の法務局が記載されます（管轄の法務局で取得した場合は取得法務局のみ記載されます）。登記事項証明書を取得した段階での管轄はこちらで確認することもできます。

必ず最新の情報をチェックしましょう

　管轄は法務局の統廃合などにより変わってしまうことがあります。

　法務局のホームページには最新の管轄が掲載されるようになっています。登記申請の前にはそちらを確認するなど、必ず最新の管轄の確認をするようにしましょう。

■登記事項証明書表題部

表題部（土地の表示）				調製	余白	不動産番号	0123456789101
地図番号	余白	筆界特定	余白				
所在	港区芝八丁目				余白		
①地番	②地目	③地積	㎡	原因及びその日付〔登記の日付〕			
8番8	宅地	55	55	8番7から分筆〔平成24年10月1日〕			

この記載から管轄を判断

■登記事項証明書最終ページ下部の記載サンプル

これは登記記録に記録されている事項の全部を証明した書面である。

（東京法務局港出張所管轄）

ここに管轄が記載されます

令和6年3月31日

東京法務局品川出張所　　　　登記官　○　○　　○　○

東京法務局
品川出張所
登記官之印

取得した法務局が記載されます

管轄は法務局のホームページで最新情報を確認しましょう。

法務局のウェブサイト　https://houmukyoku.moj.go.jp/homu/static/

 **管轄を間違えたらどうなるの?**

 管轄を間違えて申請された登記申請は、法務局で受け付けてもらうことができません。十分気をつけて準備をしましょう。

第4章

6 遺言書があるかどうか確認しよう

遺言書がある場合とない場合で、手続が変わってきます。

　亡くなられた方の思いが詰まった遺言書。本人から存在を知らされていない場合でも、遺言書が残されていることも考えられます。自宅や病院、入所していた施設などで大切なものを保管していそうな場所を探してみましょう。貸金庫の契約をしている場合は、貸金庫内に遺言書が残されていることもあります。遺言書があるかどうかで手続が変わってくるため、念を入れて確認するようにしましょう。

公正証書遺言の遺言検索

　公正証書遺言の形式で遺言を残していた場合は、作成した公証役場に原本が保管されています。昭和64年1月1日以降に作成された公正証書遺言については、最寄りの公証役場に出向き、**遺言検索**を行うことで、遺言があるかどうか確認することができます。

公正証書遺言検索の方法

手続を行う場所	最寄りの公証役場で可
手続できる人	相続人、相続人の代理人　など
必要なもの	遺言者の死亡および手続を行う方が相続人であることが確認できる戸籍証明書 本人確認書類（印鑑証明書および実印　など） 代理人の場合は委任状　など
手数料	検索は無料 （閲覧は200円／1回、謄本は250円／1枚）

『自分でできる相続登記 第2版』補遺情報

このたびは『自分でできる相続登記 第2版』をご購読いただき、ありがとうございます。

令和7年4月21日より、所有権保存・移転等の登記申請の際には所有者の検索用情報を登記申請書に記載することとなりました。本書の内容とあわせてご確認ください。

検索用情報の申出について確認しよう

令和8年4月1日から、不動産の所有者は住所・氏名の変更日から2年以内に変更登記をすることが義務付けられます。この義務の負担を軽減するため、不動産の所有者が変更登記を申請しなくても、登記官が住基ネット情報を検索して、その情報に基づいて職権で登記を行ってくれる「スマート変更登記」という制度が開始します。

ただし、登記官が住基ネット情報を検索するには、不動産の所有者から住所・氏名のほか、生年月日、氏名のふりがな等の**検索用情報**をあらかじめ申し出ておくことが必要になります。

制度開始に先立ち、令和7年4月21日から、相続登記を含む所有権保存・移転等の登記申請の際には、原則として所有者の検索用情報を併せて申し出ることが必要になりました。

氏名のふりがな、生年月日、メールアドレスを申し出る

検索用情報の具体的な内容は、①氏名、②氏名のふりがな、③住所、④生年月日、⑤メールアドレスとされています。

メールアドレスは、住所や氏名の変更登記を職権で行うことの可否を所有者に確認する際に送信する電子メールの宛先になるため、所有者本人のみが利用するものを記載することが求められます。メールアドレスがない場合は、メールアドレスの欄に「なし」と記載します。

手続が完了すると、申出のあったメールアドレス宛てに、手続が完了した旨、立件の年月日・立件番号、不動産番号、認証キー（メールアドレス変更時に必要になるもの）、申出を受けた登記所の表示が送信されます。

■検索用情報の記載例 （登記申請書の当事者の表記部分）

相続人 　（被相続人　佐藤一郎）
　　　　　　東京都港区芝八丁目２番３号
　（申請人）佐藤花子

氏名ふりがな	さとう　はなこ
生年月日	昭和３４年５月６日
メールアドレス	satohanako875@example.com

　　　連絡先の電話番号　○○○－○○○○－○○○○

既に所有者である者は単独での申出が可能

　令和７年４月21日時点で既に所有権の登記名義人となっている者は、所有している不動産の住所等変更登記を職権で行ってもらう対象とするために、検索用情報のみの申出を行うことができます。

■検索用情報の申出書の作成例　　　Ａ４用紙を縦にして作成しよう

法務局の処理の関係上、上部を６センチほど余白に

検索用情報の申出書

申出の目的　検索用情報の申出（順位番号後記のとおり）
申　出　人　（所有権の登記名義人）

住所	東京都港区芝八丁目２番３号
氏名	佐藤　花子
氏名ふりがな	さとう　はなこ
生年月日	昭和３４年５月６日
メールアドレス	satohanako875@example.com

　　　連絡先の電話番号　○○○－○○○○－○○○○

添付情報　身分証明書の写し
令和○年○月○日申出　　○○地方法務局○○支局
不動産の表示　　（省略）

自筆証書遺言の遺言検索

　また、令和2年7月10日に**自筆証書遺言書保管制度**が始まり、法務局に自筆証書遺言を保管してもらうことができるようになりました。

　この制度を利用して法務局に自筆証書遺言を保管した場合は、**遺言書保管事実証明書の交付請求**により、遺言者の遺言が保管されているかどうかを確認することができ、**遺言書情報証明書の交付請求**により、遺言書の内容を確認することができます。なお、どちらも窓口で請求する場合は**事前の予約**が必須となっています。ご注意ください。

遺言書保管事実証明書の交付請求の方法

請求を行う場所	最寄りの遺言書保管所（法務局）で可
請求できる人	相続人、受遺者、遺言執行者　など
必要なもの	交付請求書　遺言者の死亡および手続を行う方が相続人であることが確認できる戸籍証明書 請求者の住民票の写し 顔写真入りの身分証明書　など
手数料	800円／1通

遺言書情報証明書の交付請求の方法

請求を行う場所	最寄りの遺言書保管所（法務局）で可
請求できる人	相続人、受遺者、遺言執行者　など
必要なもの	交付請求書 法定相続情報一覧図の写し 顔写真入りの身分証明書　など
手数料	1,400円／1通

第4章

■遺言書情報証明書の交付請求書

別記第8号様式（第33条第1項関係）　　請求年月日 令和 □□ 年 □□ 月 □□ 日

請求先の遺言書保管所の名称 _____ （地方）法務局 ____ 支局・出張所

遺言書情報証明書の交付請求書

【請求人欄】※請求人の氏名，住所等を記入してください。また，該当する□には レ印を記入してください。

請求人の資格	1	1：相続人／2：相続人以外

請求人の氏名
（注）法人の場合は，既の欄に商号又は名称を記入してください。
姓 佐　藤
名 太　郎

請求人の出生年月日
（注）法人の場合は，記入不要です。
3 1：令和／2：平成／3

請求人の会社法人等番号
（注）法人の場合のみ記入してください。

請求人の住所
（注）法人の場合は，本店又は主たる事務所の所在地を記入してください。
〒 171 - 0033
都道府県 市区町村 大字丁目 東京都豊島区高田
番地 10 番 11
建物名

□ 法定代理人による請求の有無
（注）法定代理人による請求の場合には，レ印を記入してください。
法定代理人の氏名及び住所

請求人又は法定代理人の電話番号
（注）ハイフン（－）は不要です。
090

【請求対象の遺言書欄】※請求対象の遺言書の保管番号等を記入してください。

遺言者の氏名
セイ サトウ
姓 佐　藤
メイ イチロウ
名 一　郎

遺言者の出生年月日
3 1：令和／2：平成／3：昭和／4：大正／5：明治　10 年 10 月 10 日

遺言者の住所
〒 171 - 0033
都道府県 市区町村 大字丁目 東京都豊島区高田4丁目
番地 10 番 11 号
建物名

遺言者の本籍
都道府県 東京都　市区町村 新宿区高田馬場
大字丁目 5 丁目
番地 6 番地

遺言者の国籍（国又は地域）
コード □□ 国名・地域名 _____
（注）外国人の場合のみ記入してください。

遺言者の死亡年月日
令和 □□ 年 □ 月 □ 日

遺言書が保管されている遺言書保管所の名称
東京 （地方）法務局 ____ 支局・出張所

請求対象の遺言書の保管番号
（注）請求対象の遺言書の保管番号を記入してください（複数ある場合は，全て記入してください）。
3通以上ある場合には備考欄に記入してください。
保管番号 H 1234 - 567890 - □□□□□ 123 - □

【請求人本人の確認・記入欄】※以下の事項について，該当するものがあれば□にレ印を記入してください。

□ 遺言書情報証明書の交付を受けた。
□ 遺言書の閲覧をした。
□ 遺言書保管ファイルの記録の閲覧をした。
□ 遺言書保管事実証明書の交付を受けた。
□ 遺言書が保管されている旨の通知を受け取った。
（注）請求者の資格や請求が必要とされている証明書などの書類を一部省略できる場合があります。

請求通数 1 通

手数料の額 1400 円
（注）手数料の額は，必要な通数分（1通につき，1,400円）の額を記入してください。

請求人又は法定代理人の記名 佐藤太郎

備考欄

遺言書の閲覧の請求書はこのほかに相続人欄と手数料納付用紙があります。請求書は法務省のホームページ内にある「自筆証書遺言書保管制度」のページからダウンロードできます
https://www.moj.go.jp/MINJI/06.html

7 検認の手続を確認しよう

公正証書遺言、自筆証書遺言書保管制度を利用した遺言以外の遺言の場合、必ず「検認」の手続が必要です。

遺言にはいくつかの形式がありますが、一般的なのは**自筆証書遺言**と、**公正証書遺言**、そして**秘密証書遺言**という３つの形式です。

公正証書遺言、自筆証書遺言書保管制度を利用した遺言以外の形式で遺言が残されていた場合は、**家庭裁判所**に遺言書を提出し「**検認**」の請求をしなければなりません。検認の手続が終了すると、家庭裁判所から、遺言書に「**検認済証明書**」を添付したものが交付されます。相続登記には、この検認済証明書が添付された遺言書が必要になるのです。

検認は絶対に省略できない手続です

検認とは、相続人に対して遺言の存在と内容を知らせるとともに、遺言書の形状や状態、日付、署名など検認の日現在における遺言書の内容を明確にして遺言書の偽造・変造を防止するための手続です。

検認がされたからといって、遺言が法律的に有効であることが証明されるわけではないのですが、**検認が必要な遺言に基づいて相続登記を行う場合は、必ずしなければならない手続です**。

検認の一般的な流れ

①**遺言を残した方の最後の住所地を管轄する家庭裁判所**に、検認申立書と添付書類を提出します。

②家庭裁判所から検認期日が相続人全員に通知されます。

③検認期日に遺言書を提出し、相続人の立会いで検認が行われます。

④検認済証明書が付された遺言書が返還され、立会いに出頭しなかった相続人には検認通知が送られます。

第4章

申立書を確認しましょう

　検認申立書の書式は、家庭裁判所の窓口でもらうことができます。また、裁判所のホームページからダウンロードすることもできます。

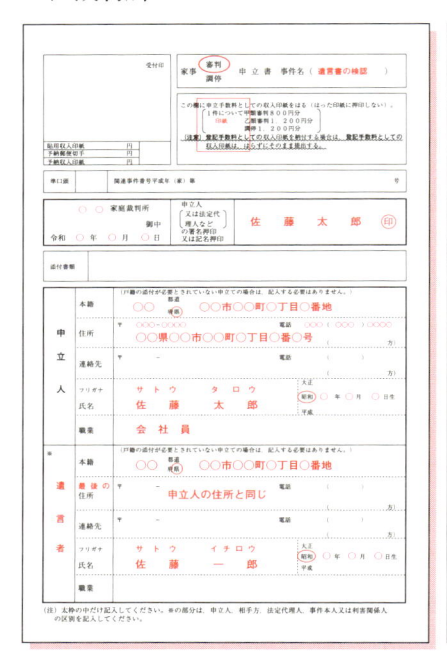 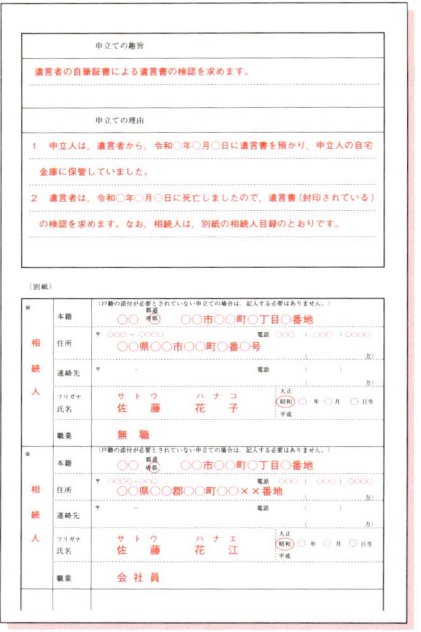

［一般的な添付書類］

・申立用収入印紙（800円）、連絡用の郵便切手
・亡くなられた方の相続関係がわかる戸籍証明書など
・相続人全員の戸籍証明書　など

　なお、添付書類や連絡用の郵便切手の金額など、管轄の家庭裁判所によって異なる場合がありますので、事前に確認しましょう。

　遺言書は申立時の添付書類ではなく、検認期日の際に必要となるのが一般的な実務上の取り扱いです。

　また、遺言書に封をされていた場合は、勝手に開封しないでください。

検認の申立方法

検認が必要な遺言	公正証書遺言、自筆証書遺言書保管制度を利用した遺言書以外の遺言
申立人	遺言書の保管者 遺言書を発見した相続人
管轄	遺言を残した人の最後の 住所地の家庭裁判所
申立に必要な費用	収入印紙800円分 連絡用の郵便切手
必要書類	申立書 戸籍（除籍・改製原戸籍）証明書　など

ちょっと発展　相続手続と家庭裁判所は関係が深い

　相続の手続の中で、家庭裁判所を利用する場面は遺言書の検認手続以外にも数多くあります。以下、代表的なものを並べてみます。

相続放棄・限定承認の申述：　参考 P56

相続財産清算人の選任：相続人の存在、不存在が明らかでない場合に、相続財産を清算する者の選任手続。

成年後見人の選任：　参考 P55

特別代理人の選任：本人の立場と代理人の立場の利益が相反してしまう場合の特別な代理人の選任手続。　参考 P55

不在者財産管理人の選任：不在者の財産を管理する者の選任手続。

失踪宣告：生死不明の者につき、法律上死亡したものとみなす効果を生じさせる手続。

遺産分割調停：家事審判官（裁判官）・調停委員を交えての話し合い。

遺産分割審判：家事審判官による遺産分割に関する審判。

8　亡くなられた方の住民票（除票）の写しを取得しよう

登記簿上の所有者との同一性を証明するために必要になります。

　相続登記を申請する際には、登記簿上の所有者と、亡くなられた方が同一人物であることを証明するため、登記事項証明書に記載された住所氏名と、亡くなられた方の最後の住所氏名が一致していること、あるいは、つながっていることを証明する書類を添付する必要があります。そこで取得するのが、亡くなられた方の**最後の住所地が確認できる「住民票（除票）の写し（本籍地記載）」**です。　戸籍（除籍）の附票でも可 P123

権利部（甲区）（所有権に関する事項）			
順位番号	登記の目的	受付年月日・受付番号	権利者その他の事項
2	所有権移転	平成28年2月3日 第1987号	原因　平成27年12月28日相続 所有者　港区芝八丁目1番2号 　小　山　　一　郎

この住所氏名と住民票（除票）の写しから読み取れる最後の住所氏名の同一性を確認します

ここを確認

住民票（除票）の写しの取得方法

取得する理由	登記簿上の所有者と亡くなられた方が同一の人物であることを証明するため
申請できる人	同一世帯の者・代理人（要委任状）　他
取得できる窓口	最後の住所地の市区町村役場（郵送可　P87　）
取得に必要な費用	市区町村によって異なる
必要書類（他の書類が必要になる場合あり）	申請書（窓口にあります）　身分証明書 郵送の場合は定額小為替と返信用封筒（切手） 代理の場合は委任状

住民票（除票）の写しのサンプルを見てみましょう

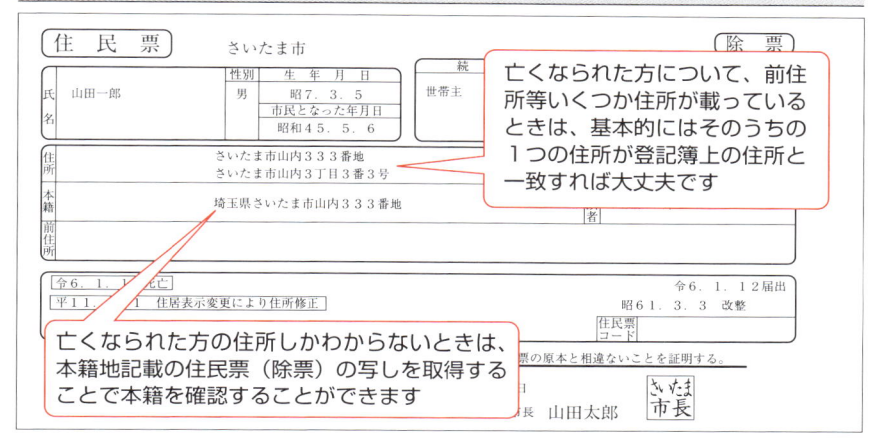

住民票に記載されていた者全員が消除された場合は「住民票の除票」となり、１人でも残っている者がいれば「住民票」となります。

登記事項証明書に記載された住所と**最後の住所が違うとき**

　もし、亡くなられた方が複数回住所を移転していて、住民票（除票）の写しに記載された住所と登記事項証明書に記載された住所がつながらないときは、登記事項証明書上の住所までさかのぼってつながりを証明する書類が必要になります。具体的には、「戸籍（除籍）の附票の写し」を最後の本籍地の市区町村役場で取得します。それでもつながらないときは、必要に応じて「改製原戸籍の附票の写し」やその前の本籍地への各附票の写しの請求を行います。　戸籍（除籍）の附票の写し P123

　また、登記事項証明書に記載された住所が亡くなられた方の本籍地と完全に一致する場合は、戸籍証明書などで証明できますので、住民票（除票）の写しは必要ありません。この他、住居表示の実施によって住所が変わっていることもあります。わからない場合は、市区町村役場に確認するようにしましょう。　氏名が違うとき P115

9 不動産を取得する相続人の住民票の写しを取得しよう

存在しない人が登記されることを防ぐために必要です。

　相続登記を申請する際には、不動産を取得する相続人の住所証明情報として**住民票の写し**を添付する必要があります。これは、この世に存在しない人が登記されてしまうことを防ぐためです。住民票の写しは住民登録をしている市区町村役場にて取得します。

　遺産分割協議による相続登記の場合は、印鑑証明書も必要です。住民票の写しと印鑑証明書を併せて取得すると二度手間にならずに済みます。

住民票の写しの取得方法

取得する理由	存在しない人が登記されることを防ぐため
申請できる人	本人・代理人（要本人の委任状）　他
取得できる窓口	住所登録している市区町村役場（郵送可　P87　）
取得に必要な費用	市区町村によって異なる
必要書類（他の書類が必要になる場合あり）	申請書（窓口にあります）　身分証明書 郵送の場合は定額小為替と返信用封筒（切手） 代理の場合は委任状

ちょっと発展　住民票の代わりに戸籍の附票でも可

　不動産を取得する相続人の住所証明情報としては、住民票の写しの他に、**戸籍の附票の写し**を取得する方法もあります。戸籍の附票の写しには、同一戸籍内のすべての住所の異動が記載されています。

　本籍地の市区町村役場で取得することができるので、戸籍証明書と併せて取得するというのも選択肢の1つです。

10 相続人の印鑑証明書を取得しよう

遺産分割協議書に押された印鑑が、実印であることを証明するために必要です。

　遺産分割協議による相続登記を申請する際には、遺産分割協議書を添付します。遺産分割協議書には事後の紛争防止のためにも相続人全員で実印を押印するようにしましょう。

　登記上は、実印であることを証明するために、押印した者の**印鑑証明書**も添付する必要があります。印鑑登録している市区町村役場で印鑑証明書を取得しましょう。

印鑑証明書の取得方法

取得する理由	遺産分割協議書に押された印鑑が、実印であることを証明するため
申請できる人	本人・代理人（本人の印鑑カードが必要）
取得できる窓口	印鑑登録している市区町村役場（郵送不可）
取得に必要な費用	市区町村によって異なる
必要書類	申請書（窓口にあります）　身分証明書 印鑑カード（印鑑カードがあれば代理の場合も委任状不要）

ちょっと確認　添付書類の期限

　相続登記の際に添付する添付書類には、原則として有効期限が定められていません。しかし、相続人の戸籍証明書や亡くなられた方の死亡の記載がある戸籍（除籍）証明書、亡くなられた方の最後の住所が記載された住民票（除票）の写しなどは、相続開始後に取得する必要があります。また、固定資産評価証明書は最新年度のものが必要です。

第4章

戸籍関係の書類を取得しよう（概略）

集める書類の中で、いちばん難しいのが戸籍関係の書類です。まずは概略を確認しましょう。

相続登記の手続の中で、いちばんつまずきやすいのが戸籍関係の書類の取得です。ひとくちに戸籍関係の書類といっても、種類はさまざま。

「誰の」「どのような」戸籍関係の書類が必要なのかを常に意識しながら、1つずつ集めていきましょう。

取得する可能性のある戸籍関係書類

登記パターンや他の書類との兼ね合いによって集める書類は異なりますが、一般的に必要になる戸籍関係書類をまず確認しましょう。

誰の	どんな戸籍	取得の理由
亡くなられた方の	戸籍（除籍）証明書　詳しくは P115	亡くなられた日や亡くなられた事実を証明するため。
亡くなられた方の	出生までさかのぼる除籍証明書・改製原戸籍謄本　詳しくは P117	**相続人が具体的に誰になるのかを証明する**ため（他に相続人がいないことを証明するため）。取得通数が増える可能性が高い。
亡くなられた方の	戸籍（除籍）の附票の写し　詳しくは P123	登記事項証明書上の記載と住所氏名がつながることで、登記簿上の所有者と同一人物であることを証明するため。
相続人の	戸籍証明書　詳しくは P124	相続開始時点で、相続人に相続する権利があることを証明するため。
不動産を取得する相続人の	戸籍の附票の写し　参照 P100	存在しない人が登記されることを防ぐため（住民票の写しでも可）。

戸籍関係の書類の**取得方法**

　詳しくは次ページ以降、戸籍の種類・読み取り方と併せて説明していきますが、まずは一般的な取得方法を確認しておきましょう。

取得する理由	相続関係を証明するため
申請できる人	本人・配偶者・直系血族・代理人（要委任状）他
取得できる窓口	本籍がある、もしくはあった市区町村役場 （郵送可　P87　　かしこく取得 P125　）
取得に必要な費用	戸籍証明書　　　　　　　　　　　　1通450円※ 除籍証明書・改製原戸籍謄本　　　　1通750円※ 戸籍（除籍）の附票の写し　市区町村による
必要書類（他の書類が必要になる場合あり）	申請書（窓口にあります） 身分証明書 郵送の場合は定額小為替と返信用封筒（切手） 代理の場合は委任状

※条例により金額が異なる市区町村があります。

第4章

他の手続でも使える戸籍関係書類

　この本では、相続登記に限って手続を説明していますが、預貯金や保険など他の相続財産に関する名義変更や解約の手続においても、戸籍関係の書類が必要になることが一般的です。

　特に、亡くなられた方の出生から死亡までをつなげる一連の戸籍証明書・除籍証明書・改製原戸籍謄本は、相続人が誰なのか（他に相続人がいないかどうか）を特定するためにとても重要な証明書類になります。

同じ書類は１通で○Ｋです

　例えば相続人の戸籍証明書について、同じ戸籍証明書に複数の相続人の記載があるときは、複数枚取得する必要はなく、１通で足ります。

詳しくは P126

12 戸籍の読み取り方を知ろう

戸籍の読み取り方を知ることで、戸籍が集めやすくなります。

　戸籍関係の書類を、不備なく集めるためには、戸籍の特質、種類とそれぞれの読み取り方を知ることがとても重要です。

戸籍には、**本籍地と身分事項など**が記載されます

　これまでに一度は戸籍証明書を取得されたことがある方は多いと思います。しかし、具体的に戸籍にどのような情報が記載されているかを明確にご存じの方は少ないのではないでしょうか。

　戸籍には、**本籍地**とその人の**氏名**や**生年月日**、**身分事項**が主に載っています。身分事項とは、例えば**出生や死亡**、**結婚や離婚など**のことです。戸籍は、原則として「親とその子」単位で構成されており、それぞれの情報が確認できます。

戸籍は、人生の転換期などで**新たにつくられます**

　戸籍は、人の一生の中で、複数つくられることが一般的です。なぜなら、戸籍は**法律の改正**や**転籍**、**結婚**、**離婚**などによって、新しいものがつくられるからです。新しくつくられた戸籍には、以前の戸籍の情報の一部が記載されないこともあります。そのため、ある人物についてこれまでの人生で起こったすべての身分関係を確認するためには、現在の戸籍からさかのぼって昔の戸籍を取得していく必要があるのです。

　相続の登記の場面では、遺言による登記の基本パターンを除き、必ず亡くなられた方の相続関係をすべて明らかにする必要があります。そのため、亡くなられた方の出生から死亡まで、すべての身分関係を確認できる戸籍関係の書類を取得する必要があるのです。

〈現在の戸籍全部事項証明書の一例を見てみよう〉

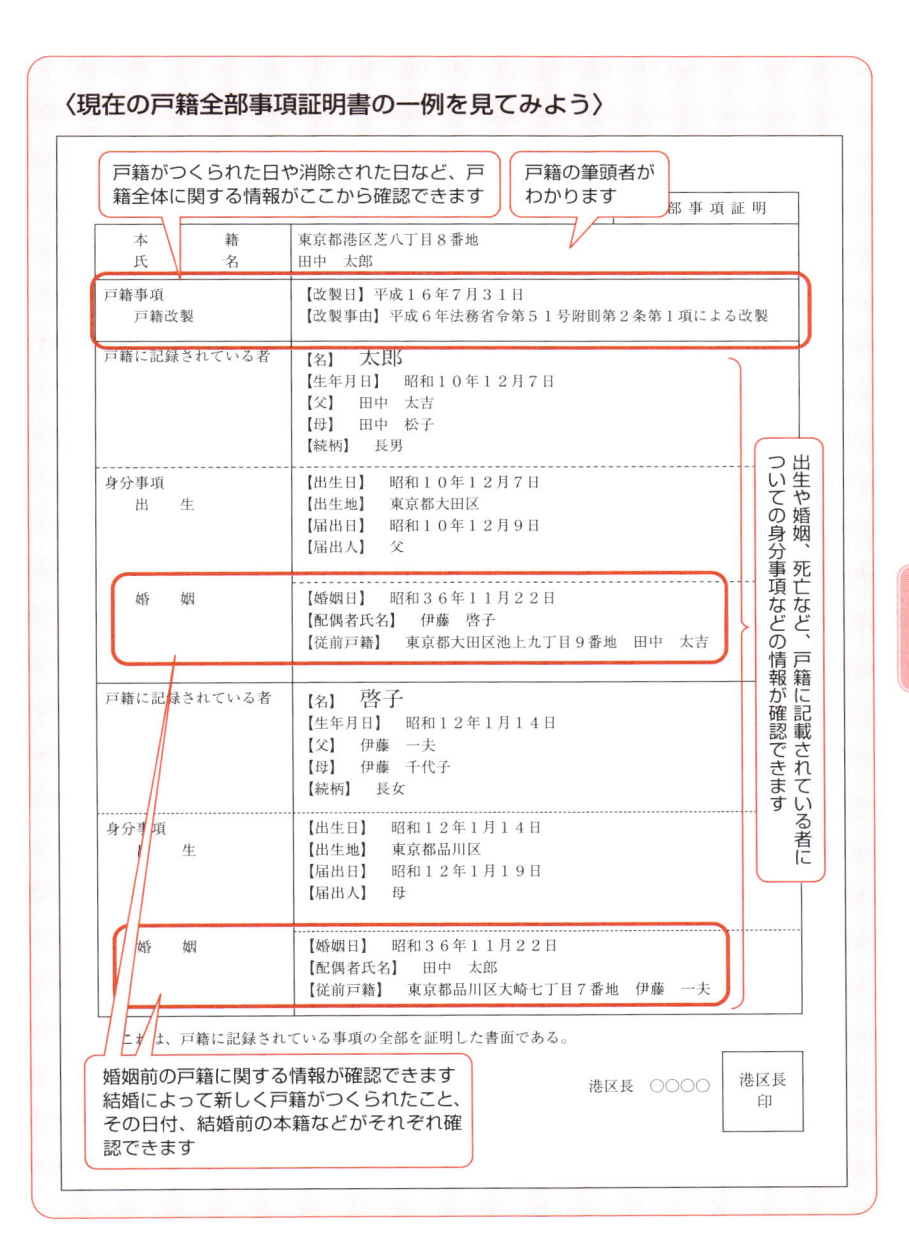

戸籍がつくられた日や消除された日など、戸籍全体に関する情報がここから確認できます

戸籍の筆頭者がわかります

全部事項証明

| 本　　籍 | 東京都港区芝八丁目8番地 |
| 氏　　名 | 田中　太郎 |

| 戸籍事項
　戸籍改製 | 【改製日】平成16年7月31日
【改製事由】平成6年法務省令第51号附則第2条第1項による改製 |

| 戸籍に記録されている者 | 【名】　太郎
【生年月日】　昭和10年12月7日
【父】　田中　太吉
【母】　田中　松子
【続柄】　長男 |

| 身分事項
　出　　生 | 【出生日】　昭和10年12月7日
【出生地】　東京都大田区
【届出日】　昭和10年12月9日
【届出人】　父 |

| 　婚　　姻 | 【婚姻日】　昭和36年11月22日
【配偶者氏名】　伊藤　啓子
【従前戸籍】　東京都大田区池上九丁目9番地　田中　太吉 |

| 戸籍に記録されている者 | 【名】　啓子
【生年月日】　昭和12年1月14日
【父】　伊藤　一夫
【母】　伊藤　千代子
【続柄】　長女 |

| 身分事項
　出　　生 | 【出生日】　昭和12年1月14日
【出生地】　東京都品川区
【届出日】　昭和12年1月19日
【届出人】　母 |

| 　婚　　姻 | 【婚姻日】　昭和36年11月22日
【配偶者氏名】　田中　太郎
【従前戸籍】　東京都品川区大崎七丁目7番地　伊藤　一夫 |

これは、戸籍に記録されている事項の全部を証明した書面である。

出生や婚姻、死亡など、戸籍に記載されている者についての身分事項などの情報が確認できます

婚姻前の戸籍に関する情報が確認できます
結婚によって新しく戸籍がつくられたこと、その日付、結婚前の本籍などがそれぞれ確認できます

港区長　〇〇〇〇　　港区長印

第4章

戸籍が新たにつくられる場面

戸籍が新たにつくられることを、「編製」といいます。具体的に、どのようなときに、どのような形で新しい戸籍は編製されるのでしょうか。

①改製

改製とは、戸籍に関する法律の改正に伴って、**戸籍の形式自体が新しくつくり直されること**です。

日本の戸籍制度は、明治5年に作られた壬申戸籍から、明治19年、明治31年、大正4年、昭和23年、平成6年と、これまでに何度も改正されてきています。法律の改正によって戸籍がその都度、新しい法律に合った形でつくり直されるので、**改製の前と後で同じ人物の戸籍が原則2つ存在することになります**。そして、改製前の戸籍は、「**改製原戸籍**」と呼ばれるようになるのです。相続関係を明らかにするためには、亡くなられた方の戸籍で改製があるたびに、**改製前の除籍証明書・改製原戸籍謄本を取得する必要があります**。

②転籍

転籍とは、**本籍を別の場所に移すこと**をいいます。

本籍は、住所地や実家の住所に限らず、日本全国どこにでも定めることができます。

現在の戸籍の場合、同一の市区町村内での転籍であれば、戸籍の本籍欄などが変更されるだけで新しい戸籍がつくられることはありません。

しかし、別の市区町村に本籍を移すと、新たにその市区町村で戸籍がつくられることになります。そうすると**転籍の前後で同じ人物の戸籍が2つ存在することになります**。そして、転籍前の戸籍は「**除籍**」と呼ばれるようになるのです。相続関係を明らかにするためには、亡くなられた方が転籍するたびに、**転籍前の除籍証明書を取得する必要があります**。

③結婚・離婚など

　本籍を別の市区町村に移す場合だけでなく、例えば今まで両親の戸籍に入っていた子が結婚をしたときなども、新しく戸籍がつくられることになります。そして夫（または妻）とともにその新しい戸籍に移ることになります。また、離婚の際も新たに戸籍がつくられることがあります。

　この場合も、**結婚・離婚の前と後で同じ人物の戸籍が2つ存在することになり**、結婚・離婚前の戸籍はその人にとって古い戸籍となります。

　相続関係を明らかにするためには、亡くなられた方について結婚や離婚によって新しい戸籍がつくられていた場合は、**その前の戸籍（除籍）証明書もさかのぼって取得する必要があります。**

戸籍関係書類を請求するには**本籍地と筆頭者の情報が必要**

　戸籍関係書類は、本籍地と筆頭者を特定して請求する必要があります。

　しかし、転籍や結婚（離婚）などの前後の正確な本籍地や筆頭者の情報は、実際に1つずつ戸籍をたどっていかないとわからないことがほとんどです。そのため、以前の戸籍を取得する際は、最終の（新しい）戸籍（除籍）証明書を手がかりに、順番にさかのぼって本籍地や筆頭者を確認していくことが求められます。

戸籍関係書類を請求できる人は制限されています

　戸籍関係書類は、誰でも取得できるわけではなく、原則として取得できる人は本人や配偶者、直系尊属（父母など）もしくは直系卑属（子や孫など）に限られています。本籍や生年月日、家族関係などの個人情報を勝手に知らない人に見られてしまうことを防ぐためです。

　上記以外の方でも取得できる場合がありますが、取得が可能かどうか、そして取得できる場合に何を提出しなければならないのかという点について、その都度、市区町村役場に確認するようにしましょう。

事例とともに実際の戸籍を確認しましょう

ここで、事例とともに、具体的な戸籍を見ていきましょう。

●**事例**　父田中太郎、母啓子、長男一郎の３人家族。一郎は昭和63年に結婚。そんな田中家の戸籍を見てみましょう。

戸籍は通常、一組の夫婦と、その夫婦と氏が同じ子によって編製されます。子供は、生まれると原則、両親と同じ戸籍に入る形になります。

したがって、長男一郎が生まれた時点（昭和37年10月9日）での一家の戸籍はこのようになっています。

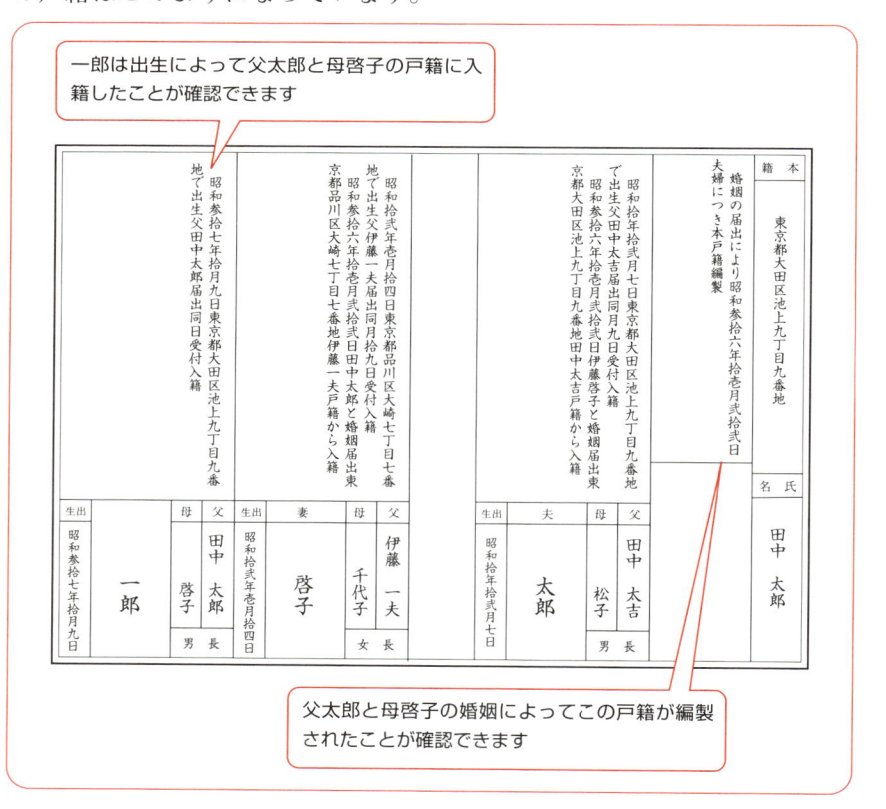

一郎は出生によって父太郎と母啓子の戸籍に入籍したことが確認できます

父太郎と母啓子の婚姻によってこの戸籍が編製されたことが確認できます

その後、昭和63年3月15日に一家は東京都港区芝八丁目8番地に転籍をしました。転籍によっても新しい戸籍がつくられます。

さらに、昭和63年5月16日に長男一郎が結婚をしました。

長男一郎については、結婚すると今までの戸籍から除かれて妻とともに新しい戸籍が編製されることになります。この時点で、一家の戸籍はこのようになっています。

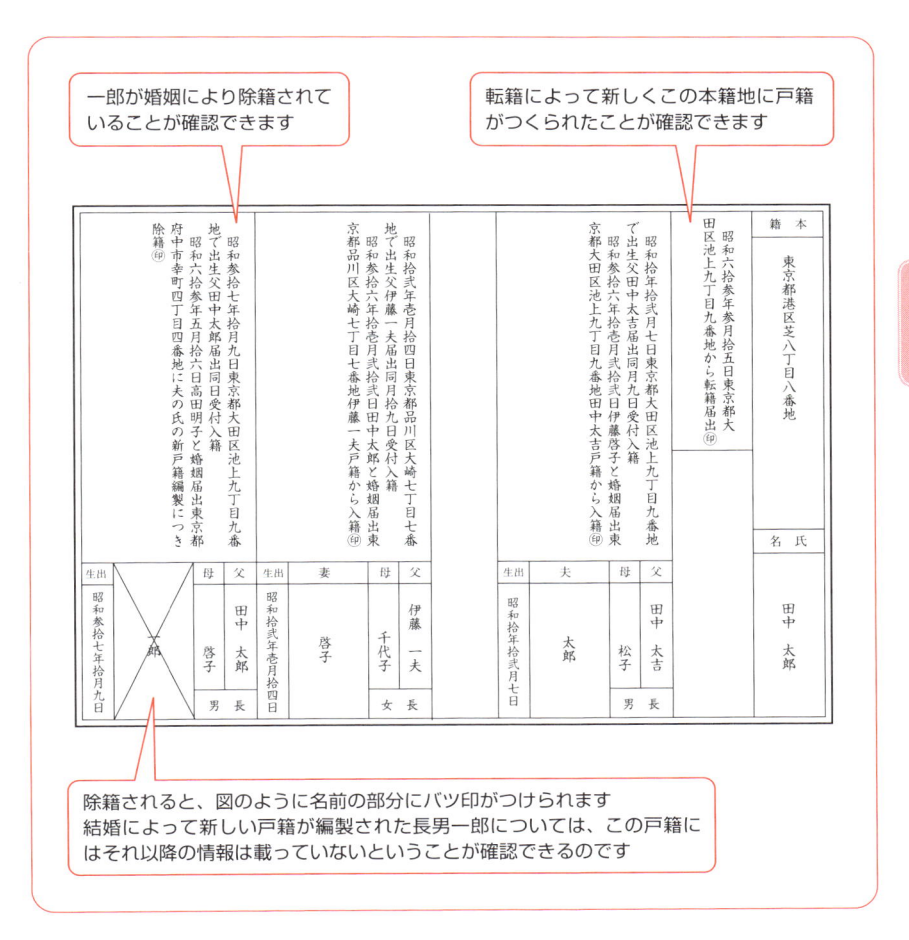

一郎が婚姻により除籍されていることが確認できます

転籍によって新しくこの本籍地に戸籍がつくられたことが確認できます

除籍されると、図のように名前の部分にバツ印がつけられます
結婚によって新しい戸籍が編製された長男一郎については、この戸籍にはそれ以降の情報は載っていないということが確認できるのです

そして、この状態で戸籍が法律の改正に伴い改製されたので、一家の戸籍はこのようになりました。

	全 部 事 項 証 明
本　　　　籍 氏　　　　名	東京都港区芝八丁目8番地 田中　太郎
戸籍事項 　戸籍改製	【改製日】平成18年10月30日 【改製事由】平成6年法務省令第51号附則第2条第1項による改製
戸籍に記録されている者	【名】　太郎 【生年月日】　昭和10年12月7日 【父】　田中　太吉 【母】　田中　松子 【続柄】　長男
身分事項 　出　　生	【出生日】　昭和10年12月7日 【出生地】　東京都大田区 【届出日】　昭和10年12月9日 【届出人】　父
婚　　姻	【婚姻日】　昭和36年11月22日 【配偶者氏名】　伊藤　啓子 【従前戸籍】　東京都大田区池上九丁目9番地　田中　太吉
戸籍に記録されている者	【名】　啓子 【生年月日】　昭和12年1月14日 【父】　伊藤　一夫 【母】　伊藤　千代子 【続柄】　長女
身分事項 　出　　生	【出生日】　昭和12年1月14日 【出生地】　東京都品川区 【届出日】　昭和12年1月19日 【届出人】　母
婚　　姻	【婚姻日】　昭和36年11月22日 【配偶者氏名】　田中　太郎 【従前戸籍】　東京都品川区大崎七丁目7番地　伊藤　一夫

> 平成6年の法改正に伴い戸籍が電算化され、このような横書きの体裁になりました。

　このように、一郎は改製される前に除かれてしまっているので、新しく改製された戸籍には一郎の情報は載りません。太郎と啓子にとっては、この一郎が確認できない戸籍が現在の戸籍ということになり、改製前の一郎が記載されていた戸籍が、改製原戸籍ということになります。

もしこのままの状態で父である太郎が亡くなり、死亡届を提出すると、一家の戸籍の太郎部分の記載はこのように変わります。

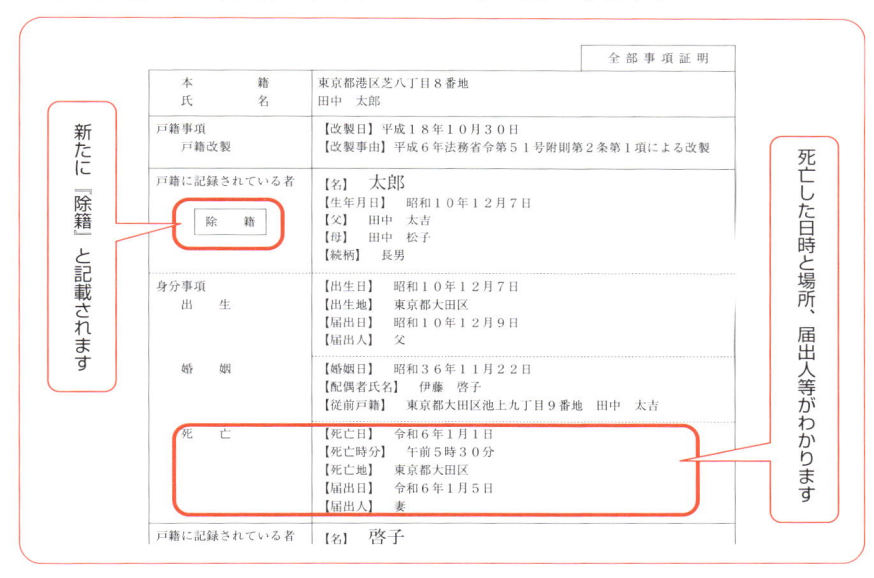

これが、亡くなられた方の戸籍（除籍）全部事項証明書といわれる戸籍です。同一戸籍内に生存している他の者がいるときは戸籍全部事項証明書、誰もいないときは除籍全部事項証明書となります。

　太郎が亡くなった場合、法律上の相続人は啓子と一郎になるわけですが、太郎が亡くなったことが確認できる戸籍（除籍）証明書だけを取得しても、このように、一郎が相続人であることは確認できないのです。

　法務局では、基本的に提出された書面のみから審査をします。

　太郎がもし遺言で啓子か一郎を不動産の相続人に指定していない場合は、太郎の相続関係を証明する書類がすべて必要になります。

　この事例の場合は改製前の戸籍も併せて取得し、また、太郎の啓子との結婚以前の婚姻や子供の有無などを確認するために、さらにさかのぼった戸籍も取得し、添付する必要があるのです。

13 戸籍の広域交付制度を確認しよう

令和6年3月1日より始まった戸籍の広域交付制度について確認しましょう。

戸籍証明書の取得方法について確認していきます。

戸籍証明書は、本籍地がある市区町村役場でないと発行ができなかったため、本籍地が遠方にある場合は郵送で請求するなどしなければならなかったのですが、令和6年3月1日から**戸籍の広域交付**が始まり、本籍地以外の市区町村役場でも、戸籍証明書等が取得できるようになりました。戸籍の広域交付制度を利用できる場合は**最寄りの市区町村役場の窓口で証明書がまとめて取得できる**ようになったため、今までよりも負担が軽減され、便利になりました。

■戸籍証明書等の広域交付の仕組み

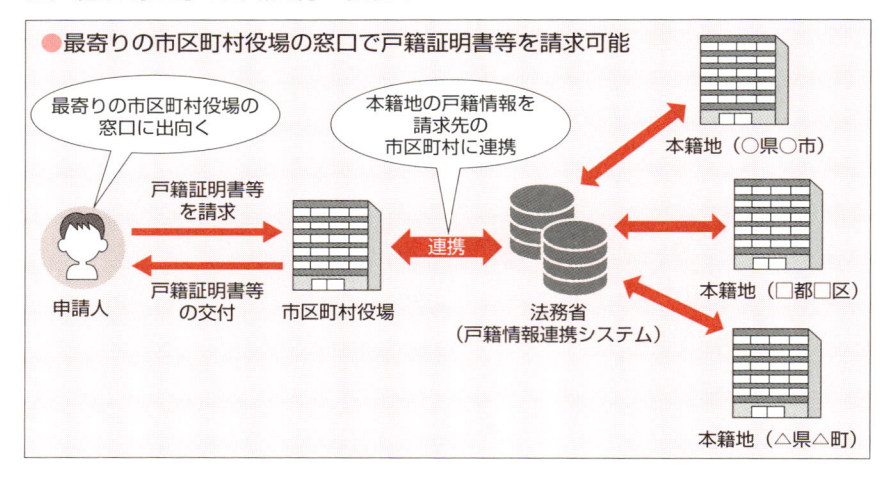

●最寄りの市区町村役場の窓口で戸籍証明書等を請求可能

広域交付制度の利用方法

　利用できるのは本人、配偶者、直系尊属（父母、祖父母など）、直系卑属（子、孫など）の証明書で、兄弟姉妹のものは請求できません。

　請求者本人が、**窓口に出向く**必要があり、郵送での請求や代理人による請求は認められていません。また、免許証やマイナンバーカードなど**顔写真付きの証明書の提示**が求められます。

　一部の証明書については発行ができないことや、即日交付は受けられず、交付に日数を要する可能性がある点など、自治体により対応が異なることがあるため、細かい点は請求窓口に確認しましょう。

戸籍証明書等の取得方法

	広域交付制度を利用	通常の取得方法
取得する理由	相続が発生したことなどを証明するため	
申請できる人	本人、配偶者、直系尊属、直系卑属	
	兄弟姉妹や代理人による請求は不可	兄弟姉妹、代理人（要委任状）　など
取得できる窓口	最寄りの市区町村役場（郵送不可）	本籍地のある（あった）市区町村役場（郵送可）
取得に必要な費用	除籍証明書、改製原戸籍謄本　　1通750円※ 戸籍証明書　　　　　　　　　　1通450円※	
必要な書類（他の書類が必要になる場合あり）	身分証明書（顔写真付が必須）	身分証明書 郵送の場合は定額小為替と返信用封筒（切手） 代理人の場合は委任状
	申請書（窓口か、市区町村役場のウェブサイトからダウンロードして入手します）　など	

※条例により金額が異なる市区町村があります。

■戸籍証明書等の請求書（広域交付用）のサンプル

戸籍証明書等の請求書（広域交付用）

令和　　年　　月　　日

＿＿＿＿＿区長　宛

※　請求には本人確認資料が必要です。
　　その他の注意事項は裏面に記載されています。

必要な戸籍等の表示	本籍	都・道府・県　　　　　　　市・区町・村		
	フリガナ 筆頭者氏名 (亡くなっても変わりません)		明・大・昭 生年月日　平・令　　　年　月　日	
	フリガナ 対象者氏名		明・大・昭 生年月日　平・令　　　年　月　日	

必要な戸籍等の範囲	□対象者の現在の戸籍 □＿＿＿＿＿＿＿の現在の戸籍 □＿＿＿＿＿＿＿が生まれてから亡くなるまで在籍した戸籍 □対象者が生まれてから現在まで在籍した戸籍 □＿＿＿＿＿＿＿が生まれてから現在まで在籍した戸籍 □＿＿＿＿＿＿＿が＿＿歳から＿＿歳まで在籍した戸籍 □その他（　　　　　　　　　　　　）

必要な証明書	広域交付	戸籍全部事項証明書	通	戸籍・除籍電子証明書	戸籍電子証明書提供用識別符号	通
		除籍全部事項証明書	通		除籍電子証明書提供用識別符号	通
		除籍（改製原戸籍）謄本 *コンピュータ化前	通		除籍電子証明書提供用識別符号 *コンピュータ化前	通

請求者	住所		電話番号　（　　　）
	フリガナ 氏名		明・大・昭 生年月日　平・令　　　年　月　日

戸籍に記載されている方との関係	□本人　　　　　　　　　　　　　□配偶者（夫又は妻） □直系尊属（父母又は祖父母）　　□直系卑属（子又は孫）

請求理由及び使用目的 （記載は任意）	□ 年金用	（厚生・国民・共済　　　　）年金の（老齢・遺族・障害　　　　）年金の （　　　　　　　　　）の手続きのため（　　　　年金事務所）に提出
	□ 相続用	亡くなった方の氏名　　　　　　　　　　　　　　　請求者との関係〔　　　　〕 生年月日　　　年　　月　　日・死亡年月日　　　年　　月　　日
	□ その他	

通数		手数料		受付		出力・確認		審査		個・免・経・パ・在・身・心 その他（　　　　　　　　）

14 亡くなられた方の戸籍（除籍）証明書を取得しよう

広域交付制度が利用できない場合は、順番に戸籍を取得していく必要があります。

取得が必要になる戸籍について、細かく確認していきます。

まずは、全パターン共通で必要になる、相続が発生したことを証明するための戸籍、**「亡くなられた方の死亡事項の記載のある戸籍（除籍）証明書」** を取得しましょう。同じ戸籍の中に生存している他の者がいる場合は戸籍証明書、誰もいない場合は除籍証明書を取得します。

亡くなられた方の戸籍（除籍）証明書の取得方法

取得する理由	相続が発生したことを証明するため
申請できる人	配偶者・直系血族・代理人（要委任状）他
取得できる窓口	本籍があった市区町村役場 （郵送可 P87　　かしこく取得 P125 ）
取得に必要な費用	除籍証明書　1通750円※ 戸籍証明書　1通450円※
必要書類（他の書類が必要になる場合あり）	申請書（窓口にあります）　身分証明書 郵送の場合は定額小為替と返信用封筒（切手） 代理の場合は委任状

※条例により金額が異なる市区町村があります。

登記簿上の氏名と死亡時の氏名が違うとき

相続登記では、登記簿上の所有者と亡くなられた方の同一性を証明する必要があります。戸籍（除籍）証明書や住民票（除票）の写しなどに記載された、亡くなられた時点の氏名と登記簿上の氏名が違うときは、氏名変更の経緯がわかる除籍証明書・改製原戸籍謄本が必要になります。

第4章

■戸籍に関する証明書の交付請求書のサンプル

戸籍に関する証明書の請求書　　受付 No＿＿＿＿＿＿＿

区長あて
どなたの戸籍が必要ですか。　　　　　　　　　　　　　　　　　　年　　　月　　　日

必要な戸籍	本　籍		丁目　　　　番・番地
	フリガナ		明・大・昭・平・令　　年　　月　　日生
	氏　名		筆頭者名（　　　　　　　）

最近、戸籍の届出をされた方はお書きください	出　生（名前　　　　）・死　亡（名前　　　　　）・婚姻・転籍届 その他（　　　　　）　　月　　日　　　区・市・町・村に届出

戸　籍	全部事項証明（謄本）	通	身分証明書　300円　必要な方の名前（　　　）	通
450円	個人事項証明（抄本） 必要な方の名前（　　）	通	受理証明書　［　　　　　］届 350円　　年　　月　　日届出	通
除　籍	全部事項証明（謄本）	通	届書記載事項証明・死亡診断書の写し ［　　　　　］届　年　　月　　日 提出先「　　　　　　　」 350円	通
750円	個人事項証明（抄本） 必要な方の名前（　　）	通		
平成／改製原戸籍謄・抄本 750円　必要な方の名前（　　）		通	戸籍・除籍一部事項証明 450・750円　必要な方の名前（　）	通
附　票 ※本籍・筆頭者などの記載が必要な場合は、該当箇所にレ点を入れてください。 300円	全部証明 □本籍・筆頭者　□住民票コード □在外選挙人名簿登録地	通	不在籍証明書 300円	通
	個人証明 必要な方の名前（　　） □本籍・筆頭者　□住民票コード □在外選挙人名簿登録地	通	その他　［　　　　　　　］	通

窓口に来られた方はどなたですか。（住所の記入、署名をしてください。）※本人等の確認資料が必要となります。

住　所	昼間の連絡先 TEL　　　（　　　）
フリガナ 氏　名	
必要な戸籍に記載された方との関係	1 本人等 　本人、配偶者、子、孫、父母、祖父母 2 代理人（本人等からの委任状等持参）　｜　戸籍の使いみち 　年金用（厚生年金、国民年金、共済年金） 　その他（　　　　　　　　　） 3 その他の方　→→→→→→→→→→→→戸籍請求の理由を記入してください。 　該当の□にチェックしてください。 　□ 権利行使、義務履行のため 　□ 国又は地方公共団体に提出 　□ その他

事務処理欄	① 免・パ・個・住・障・在・特 ② イ）保・介・年・受 　ロ）社証・学証 　推）診・ｷｬ・ｸﾚ・その他（　　）聴（　　）	受付	作成	確認	収納

15 亡くなられた方の戸籍をさかのぼって取得しよう

相続人が誰なのか、他に相続人がいないかどうかを証明するために必要になります。

　遺産分割、法定相続パターンの場合は、相続関係を明らかにするため、亡くなられた方の戸籍（除籍）証明書以外に、除籍証明書・改製原戸籍謄本など、**出生までさかのぼる戸籍が必要になります**。遺言パターンの場合は、原則として出生までさかのぼる戸籍を取得する必要はありません。

注意：遺言パターンの**例外** P71・氏名が登記簿と異なるとき P115

出生までさかのぼる**除籍証明書・改製原戸籍謄本**の取得方法

取得する理由	誰が相続人となるのかを戸籍上証明するため
申請できる人	配偶者・直系血族・代理人（要委任状）他
取得できる窓口	過去に本籍があった市区町村役場 （郵送可 **P87**　　かしこく取得 P125　）
取得に必要な費用	除籍証明書・改製原戸籍謄本　1通750円※
必要書類（他の書類が必要になる場合あり）	申請書（窓口にあります）　身分証明書 郵送の場合は定額小為替と返信用封筒（切手） 代理の場合は委任状

※条例により金額が異なる市区町村があります。

本籍地が聞いたことのない市区町村の場合は

　戸籍をさかのぼっていく中で、知らない市区町村の名前が出てきたときには、一般的には次の3つの方法を使って調べます。

　①インターネットで検索

　②ＮＴＴの番号案内サービス（104番）で確認（2026年3月31日まで）

　③図書館で全国の市区町村所在地が一覧になった書籍・資料を確認

第4章

事例とともに、**さかのぼって取得**してみましょう

戸籍をさかのぼる作業の一例を実際に一緒にやってみましょう。

108ページの事例で、父である太郎が亡くなった場合です。

●事例 父田中太郎、母啓子、長男一郎の３人家族。

令和６年１月１日に父太郎が亡くなりました。

〈まずは戸籍（除籍）証明書で確認〉 ポイントは改製の日付と従前戸籍

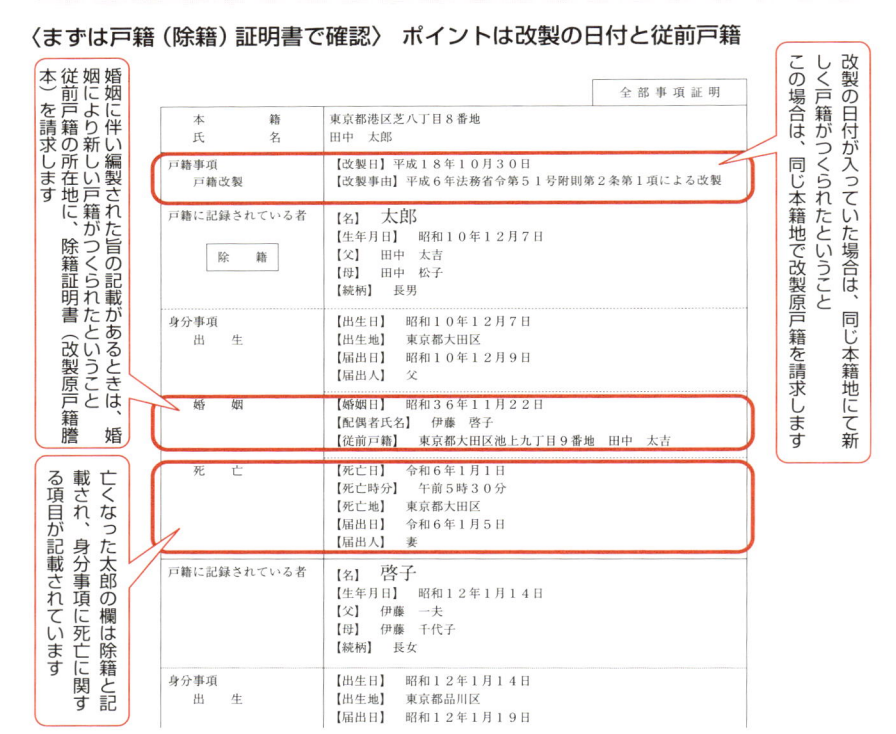

> 婚姻に伴い編製された旨の記載があるときは、婚姻により新しい戸籍がつくられたということ従前戸籍の所在地に、除籍証明書（改製原戸籍謄本）を請求します

> 改製の日付が入っていた場合は、同じ本籍地にて新しく戸籍がつくられたということ
> この場合は、同じ本籍地で改製原戸籍を請求します

> 亡くなった太郎の欄は除籍と記載され、身分事項に死亡に関する項目が記載されています

全部事項証明	
本　　　籍	東京都港区芝八丁目８番地
氏　　　名	田中　太郎
戸籍事項 戸籍改製	【改製日】平成１８年１０月３０日 【改製事由】平成６年法務省令第５１号附則第２条第１項による改製
戸籍に記録されている者 　除　籍	【名】　太郎 【生年月日】　昭和１０年１２月７日 【父】　田中　太吉 【母】　田中　松子 【続柄】　長男
身分事項 　出　生	【出生日】　昭和１０年１２月７日 【出生地】　東京都大田区 【届出日】　昭和１０年１２月９日 【届出人】　父
婚　姻	【婚姻日】　昭和３６年１１月２２日 【配偶者氏名】　伊藤　啓子 【従前戸籍】　東京都大田区池上九丁目９番地　田中　太吉
死　亡	【死亡日】　令和６年１月１日 【死亡時分】　午前５時３０分 【死亡地】　東京都大田区 【届出日】　令和６年１月５日 【届出人】　妻
戸籍に記録されている者	【名】　啓子 【生年月日】　昭和１２年１月１４日 【父】　伊藤　一夫 【母】　伊藤　千代子 【続柄】　長女
身分事項 　出　生	【出生日】　昭和１２年１月１４日 【出生地】　東京都品川区 【届出日】　昭和１２年１月１９日

この戸籍証明書からは、改製により戸籍がつくられたことがわかるので、**同じ本籍地の改製原戸籍謄本を請求**します。

また、婚姻前の戸籍の情報も確認できるので、**従前戸籍の所在地の除籍証明書（改製原戸籍謄本）を請求**します。

〈改製原戸籍を確認〉ポイントは戸籍の編製された理由

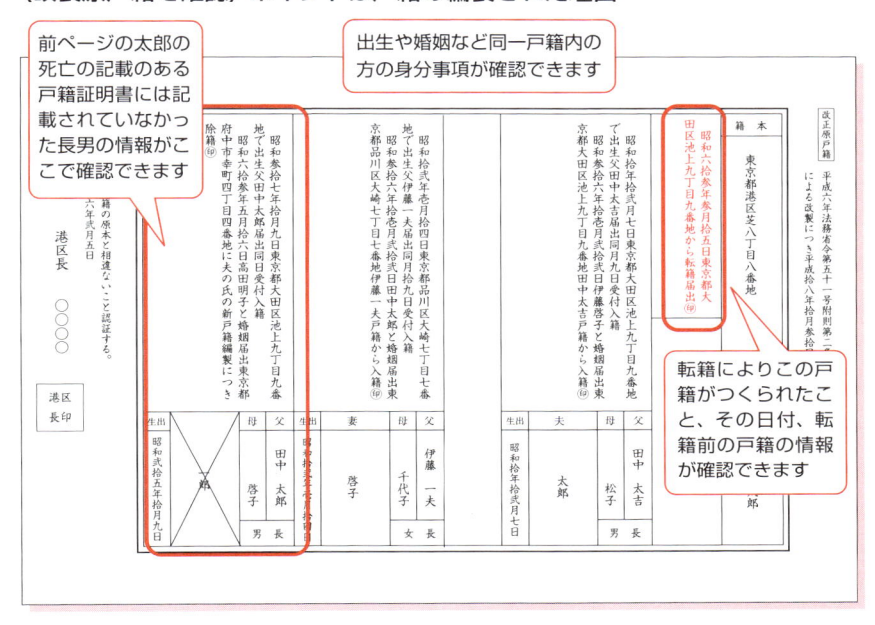

前ページの太郎の死亡の記載のある戸籍証明書には記載されていなかった長男の情報がここで確認できます

出生や婚姻など同一戸籍内の方の身分事項が確認できます

転籍によりこの戸籍がつくられたこと、その日付、転籍前の戸籍の情報が確認できます

　この改製原戸籍から、太郎には一郎という息子がいて、一郎は結婚をして新たに戸籍を編製していることがわかります。

　さらに、本籍の記載のすぐ左の欄から、昭和63年3月15日に転籍によりこの戸籍が編製されたことと従前本籍地が読み取れるので、この情報から新たに**転籍前の除籍証明書（改製原戸籍謄本）を請求**します。

ちょっと確認　筆頭者以外の情報も併せて確認

　戸籍を取得する際には筆頭者と本籍に関する情報が必要ですが、目的は亡くなられた方の相続関係を証明することです。亡くなられた方との関係について、戸籍に記載されている全員の記載事項を確認し、順番に調べていくことが必要です。

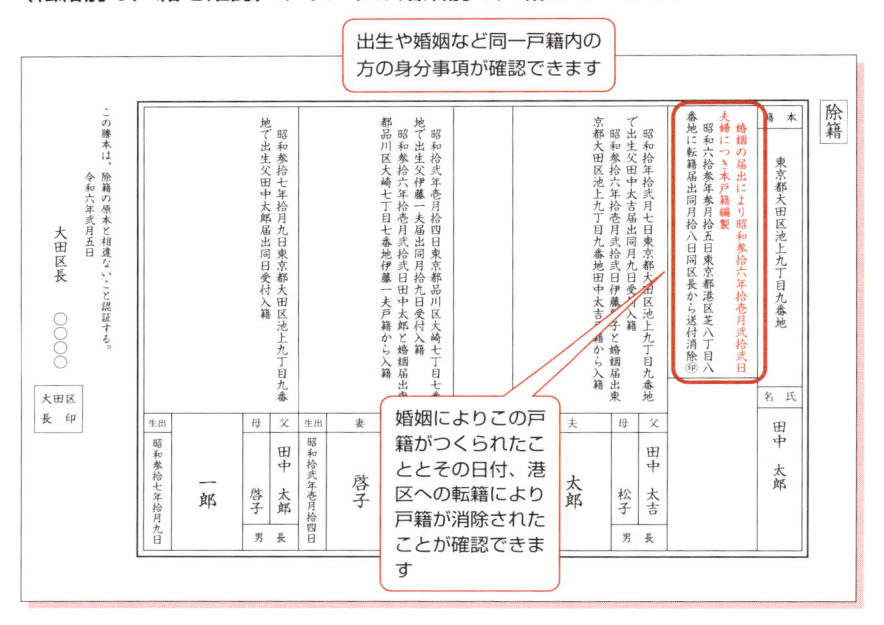

出生や婚姻など同一戸籍内の方の身分事項が確認できます

婚姻によりこの戸籍がつくられたこととその日付、港区への転籍により戸籍が消除されたことが確認できます

　ここでは、昭和36年11月22日婚姻によって夫婦についてこの戸籍が新しく編製されたことがわかります。118ページの戸籍証明書から読み取って請求した婚姻前の戸籍とこの戸籍がつながることがわかります。

ちょっと発展　相続制度の大改正

　昭和22年5月2日までは家督相続制度という制度によって相続がされており、相続の手続もまったく違うものでした。昭和22年以前の戸籍を読むときは、家督相続という制度があったということを念頭に置いて読んでみると少しわかりやすいかもしれません。

　また、昭和22年以前に亡くなられた方の相続手続については、専門家への相談をおすすめします。　参考 P48

〈婚姻前の戸籍を確認〉ポイントは戸籍のつくられた日

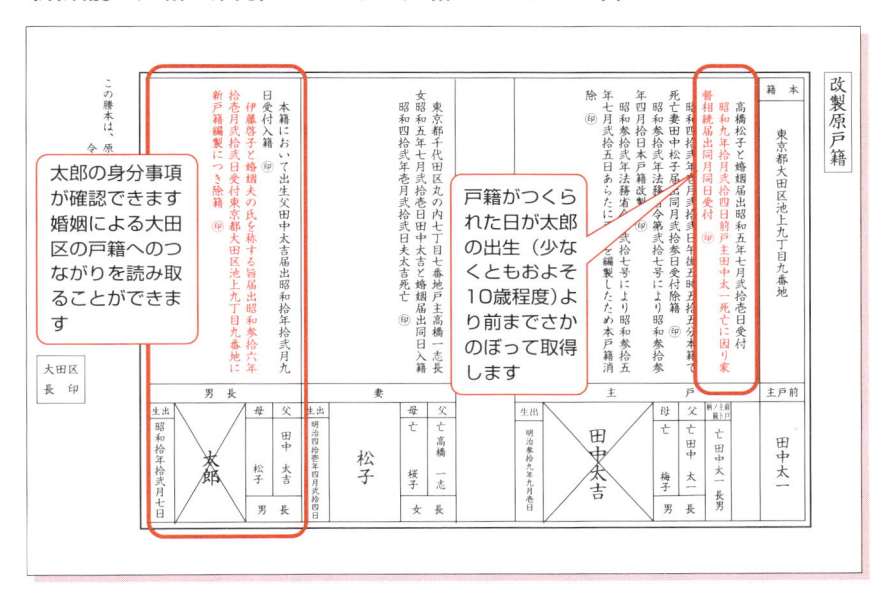

　ここでは、昭和9年10月24日に家督相続によって太郎の父である太吉が筆頭者になったことがわかります。昭和9年は太郎の出生よりも前の日付です。これにより太郎の出生までさかのぼることができました。

ちょっと発展　戸籍関係の書類が取得できない場合はどうする

　現在の戸籍制度ができて以降の戸籍関係の書類は、保存されているものに関しては正しく請求をすれば取得することができます。

　しかし、保存期間の経過や震災、戦災などによる消失に伴い、戸籍関係の書類が取得できない場合があります。

　そのような場合は、戸籍関係の書類に代わる証明書類を取得する必要があります。取得できない部分がある場合は、市区町村役場と法務局にどのように対応したらよいか確認してみましょう。

兄弟姉妹が相続人になるとき、代襲相続のとき

　兄弟姉妹が相続人になる場合など、第二順位以降の相続人が相続をする場合は、先順位の者の戸籍についてもさかのぼって取得していく必要があります。他に相続人がいないこと（**先順位の相続人が存在しないこと**）を、戸籍上から明らかにしていく必要があるためです。亡くなられた方と同様の手順で集めていきましょう。

　また、代襲相続が起こったときは、他に代襲相続する権利がある者がいないかどうかを確認するための戸籍も必要になります。

戸籍を取得していく際のポイント

　戸籍を漏れなく集めていくためには、戸籍に記載されている情報を戸籍ごとに1つずつ読み取っていく必要があります。ここで、戸籍取得の代表的な読み取りポイントを並べてみます。

①戸籍の編製日、消除日を確認

　取得した戸籍の編製日（つくられた日）と、消除日（除籍や転籍などにより除かれた日）を確認しましょう。戸籍は、基本的に編製された日から消除日までの期間の身分関係を証明しています。

②従前の本籍地、新しい本籍地と筆頭者を確認

　亡くなられた方や調べたい相続人について、従前の本籍地、新しい本籍地、それぞれの筆頭者を確認しましょう。確認した情報から、必要に応じて次の戸籍を請求します。

③相続人についての確認

　亡くなられた方に関する情報だけでなく、各相続人についての情報も1人ずつ確認していく必要があります。亡くなられた方に関する部分だけではなく、各相続人の欄も丁寧に読み取りましょう。

16 亡くなられた方の戸籍（除籍）の附票の写しを取得しよう

同じ戸籍の中に生存している他の者がいる場合は戸籍の附票の写し、誰もいない場合は除籍の附票（除附票）の写しを取得します。

登記簿上の所有者と亡くなられた方が同一人物であることを証明するために、**戸籍と登記簿をつなぐ書類**が必要になります。「**住民票（除票）の写し**」「**戸籍（除籍）の附票の写し**」がそれにあたります。

いずれも最後の住所が確認できるものですが、戸籍（除籍）の附票の写しには同一戸籍内のすべての住所の異動が記載されるのに対し、住民票（除票）の写しには同一市区町村内の異動しか記載されません。

もし、登記事項証明書に記載された住所から、複数回住所を移転しており、住民票（除票）の写しで住所がつながらないときは、戸籍（除籍）の附票の写しを取得します。なお、住民票（除票）の写しを取らずに、はじめから戸籍（除籍）の附票の写しだけを取得しても構いません。

附票でつながらないとき P99・P121

第4章

戸籍（除籍）の附票の写しの取得方法

取得する理由	登記簿上の所有者と亡くなられた方が同一人物であることを証明するため
申請できる人	配偶者・直系血族・代理人（要委任状）他
取得できる窓口	最後の本籍があった市区町村役場 （郵送可　P87　）
取得に必要な費用	市区町村により異なる
必要書類（他の書類が必要になる場合あり）	申請書（窓口にあります）　身分証明書 郵送の場合は定額小為替と返信用封筒（切手） 代理の場合は委任状

17 相続人の戸籍証明書を取得しよう

相続人に相続する権利があることを証明するために必要になります。

　相続登記を相続人が申請する以上、**相続人に相続をする権利があること**
を証明する戸籍証明書も必要です。

　もし、相続開始前に相続人の誰かが亡くなっていたり、廃除されてい
たりすると、その子が相続をする権利を代襲したり、次の相続順位の方
に相続をする権利が移ってしまったりするからです。必ず、**相続が発生**
した後に取得しましょう。

戸籍証明書の取得方法

取得する理由	相続人に相続する権利があることを証明するため
申請できる人	本人・直系血族・配偶者・代理人（要委任状）他
取得できる窓口	広域交付制度を利用する場合は、最寄りの市区町村役場（郵送不可）　広域交付制度 P112 広域交付制度を利用できない、しない場合は、本籍がある市区町村役場 （郵送可　P87　）
取得に必要な費用	戸籍証明書　1通450円※
必要書類（他の書類が必要になる場合あり）	申請書（窓口にあります）　身分証明書 郵送の場合は定額小為替と返信用封筒（切手） 代理の場合は委任状

※条例により金額が異なる市区町村があります。

遺言パターンの注意点

　遺産分割パターン、法定相続パターンでは、相続人全員の戸籍証明書
が必要になりますが、遺言パターンの場合は、原則として不動産を取得
する相続人の戸籍証明書だけで構いません。

18 役所関係の書類はかしこく取得しよう

できるだけ少ない手間で書類を取得するための豆知識です。

　98〜124ページまで取得する書類について説明してきましたが、さまざまな種類を取得することになる役所関係の書類を、できるだけ少ない手間で取得するポイントをいくつかあげていきます。

相続人に関する書類は**まとめて取得しましょう**

　不動産を取得する相続人の書類としては、戸籍証明書だけでなく、住民票の写しも必要です。また、遺産分割協議による相続登記の場合は、印鑑証明書も必要になります。同じ市区町村役場で取得できる場合は、まとめて取得するようにしましょう。

戸籍をさかのぼるときは**窓口をかしこく利用しましょう**

　戸籍を死亡から出生までさかのぼる作業はとても大変です。この本でも読み取り方を記載していますが、それでも漏れなくすべてを集めるのはなかなか難しいこと。わからない場合は、窓口の担当の方に、相続登記に必要な旨を伝えて、「この役所で取得できるすべての戸籍をください」と請求しましょう。また、出てきた書類から、次にどこの戸籍を請求すればいいのかを教えてもらえるようお願いするといいでしょう。

　教えてもらった先の窓口で、再び「この役所で取得できるすべての戸籍を」と伝え、あとは同様の作業を繰り返していけば、出生までの戸籍をたどることができます。

　郵送で請求する場合は、交付申請書の余白か、あるいは別紙に「相続のために出生までさかのぼる戸籍を取得したい」旨、「（請求先の役所で）取得できる戸籍がすべて欲しい」旨を記載して請求しましょう。

同じ書類は1通で〇Kです

　住民票の写しや戸籍証明書に、相続人全員の記載がある場合や、相続人の戸籍証明書が亡くなられた方の死亡事項が確認できる戸籍（除籍）証明書を兼ねている場合などは、登記申請の際には1通を添付することで足ります。意味合いが重複する書類を複数枚取得する必要はありません。

定額小為替はできるだけ大きな額面で

　戸籍証明書などを郵送で請求する場合は、定額小為替によって手数料を支払います。

　定額小為替は郵便局やゆうちょ銀行で購入できますが、一律1枚200円の発行手数料がかかります（令和6年9月1日現在）。

　額面50円の定額小為替の購入でも、額面1,000円の定額小為替の購入でも、同じ200円の発行手数料がかかってしまうのです。

　請求する書類の手数料を確認し、なるべく大きな額面の組み合わせで購入するようにしましょう。

　また、請求時に取得できる戸籍の通数がわからない場合は、余裕を持って小為替を同封するのが一般的です。仮に余ってしまった場合は返してもらうことができます。

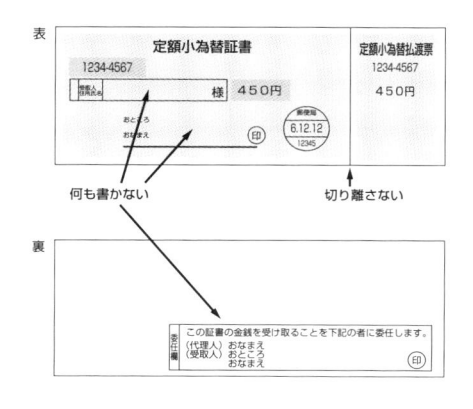

19 固定資産評価証明書を取得しよう

登録免許税を計算するために必要になります。

登記申請の際に納める登録免許税の計算の際に、土地や建物の**固定資産の価格**（固定資産課税台帳に登録された価格）が必要になります。そしてその計算の根拠を明らかにするために、土地や建物それぞれの固定資産の価格が確認できる**固定資産税納税通知・課税明細**または**固定資産評価証明書**を用意する必要があります。

これらの証明書は、亡くなった年度のものではなく**登記を申請する年度のもの**が必要になります。年度の区切りは4月1日から翌年3月31日までです。申請の段階での**最新の年度のものを用意しましょう**。

第4章

固定資産評価証明書の取得方法

取得する理由	登録免許税の計算のため
申請できる人	相続人・不動産共有者・代理人（要委任状）他
取得できる窓口	不動産所在地の市区町村役場 都税事務所（23区内の不動産についてはどこの都税事務所でも取得可能） （郵送可 **P87**）
取得に必要な費用	市区町村により異なる
必要書類（他の書類が必要になる場合あり）	申請書（窓口にあります）　身分証明書 相続人であることを証明する書類※ 郵送の場合は定額小為替と返信用封筒（切手） 代理の場合は委任状 ※不動産共有者からの請求の際は不要

請求する固定資産評価証明書

取得した登記事項証明書の表題部を参考に固定資産評価証明書を取得します。マンションの場合は、登記上一体となっている場合もいない場合も、必ず敷地部分の固定資産評価証明書も取得しましょう。

また、私道部分については、固定資産税がたとえ非課税であっても、固定資産評価証明書を忘れずに取得するようにしましょう。

固定資産証明申請書のサンプル

20 登録免許税を計算しよう

登記申請の際には登録免許税という税金を納めます。
通常、収入印紙を申請書に貼付する方法で行います。

登録免許税の計算の基本

【相続登記の登録免許税（土地・建物共通）】

課税価格 × 0.4%（1,000分の4）

　固定資産評価証明書に記載された固定資産の価格のうち1,000円未満を切り捨てた金額が課税価格です。固定資産の価格が1,000円に満たないときは、課税価格は1,000円になります。

　また、登録免許税は100円未満の金額を切り捨てます。算出した金額が1,000円に満たないときは、登録免許税は1,000円になります。

不動産が2つ以上ある場合

　不動産が2つ以上存在し、1つの申請書で登記を申請する場合は、まず**それぞれの固定資産の価格を合算**し、その後に1,000円未満の金額を切り捨てます。

［計算例］

1．不動産Aの価格＋不動産Bの価格

　　1,234,560円　＋　2,346,670円　＝　3,581,230円

2．1の金額から1,000円未満の金額を切り捨て　＝　**課税価格**

　　1から1,000円未満の金額230円を切り捨てた　3,581,000円

3．2の金額　×　0.4%

　　3,581,000円　×　0.4%　＝　14,324円

4．3の金額から100円未満の金額を切り捨て　＝　**登録免許税**

　　14,324円から100円未満の24円を切り捨てた　14,300円

　これが登録免許税の金額です。

第4章

持分の場合

持分の場合は、不動産全体の固定資産の価格に**持分割合**を掛けます。出てきた金額のうち1,000円未満を切り捨てた金額が課税価格となります。ここからは前ページの基本と同様です。

なお、固定資産評価証明書に記載された金額が不動産全体の価格である場合と、既に持分割合に応じた価格が記載されている場合があります。どちらかわからない場合は、市区町村役場に確認しましょう。

建物と土地が一体となったマンション・アパートの場合

敷地権付区分建物の場合は、建物だけでなく敷地部分の価格も含めて計算する必要があります。　**敷地権付区分建物 P36-38**

敷地部分については、固定資産評価証明書に記載された金額は敷地全体の価格であることが多いです。通常は持分で所有していると思いますので、持分割合を掛けて敷地部分の価格を割り出しましょう。

出てきた敷地部分の価格と建物の価格を合算した上で、1,000円未満を切り捨てた金額が課税価格となります。ここからは前ページの基本と同様です。

［計算例］

1．敷地全体の価格から持分の価格を割り出す

　　敷地全体の価格　×　持分割合　＝　持分の価格

2．1の金額と建物の価格を合算

　　ここからは前ページの「不動産が2つ以上ある場合」と同じです。

建物と土地が一体となっていないマンション・アパートの場合

建物が土地と一体となっていないマンション・アパートの場合は、一般の土地・建物と同じように計算をします。

土地の地目が「公衆用道路」で非課税となっている場合

　土地の地目が公衆用道路となっていて、固定資産税が非課税（0円）となっていても、登記の際の登録免許税は非課税とはならず、登録免許税を計算して算出しなければなりません。

　この場合、一般的には以下のような方法で、登録免許税を計算します。

　ただし、地域によって異なる場合がありますので、固定資産評価証明書に「公衆用道路」の記載がある場合は、法務局に算定方法を確認しましょう。

1．近傍宅地の確認
　　公衆用道路の価格を算定する基準となる土地（近傍宅地）を、法務局、市区町村役場で認定してもらいます。

2．近傍宅地の価格から、1㎡あたりの金額を計算
　　認定された近傍宅地の価格から1㎡あたりの金額を計算します。

3．2の金額に公衆用道路の土地の面積を掛ける
　　2の金額に公衆用道路の面積を掛けます。

4．3の金額に100分の30を掛ける（東京法務局管内など）
　　公衆用道路の場合、3で算出した価格の100分の30に相当する金額を課税価格の基準とすることができます。

5．4の金額を公衆用道路の固定資産の価格として、以後は129ページと同様の計算

※公衆用道路以外にも、固定資産税は非課税であっても登録免許税を納付しなければならない地目があります。固定資産評価証明書の金額が非課税となっている場合は、法務局に確認をしましょう。

登録免許税の**免税措置**を確認しよう

　相続登記の際の登録免許税について、一定の要件を満たす場合には**免税措置**の適用対象になります。令和7年3月31日までの登記申請が対象になりますので、ここで確認しておきましょう。

1．不動産の価額が100万円以下の土地

　土地について相続登記を行う場合に、不動産の価額が100万円以下の土地であるときは、登録免許税を課さないこととされました。土地の用途などに制限はなく、全国の土地が対象です。

　免税措置の適用を受けるには、申請書に「**租税特別措置法第84条の2の3第2項により非課税**」と記載する必要があります。

2．土地を取得した者が相続登記をしないで死亡した場合

　土地について相続が発生した場合に、相続人が相続登記を受ける前に死亡したときは、その死亡した相続人を登記名義人とするための登記については、登録免許税を課さないこととされました。

　免税措置の適用を受けるには、申請書に「**租税特別措置法第84条の2の3第1項により非課税**」と記載する必要があります。

■土地を取得した者が相続登記をしないで死亡した場合

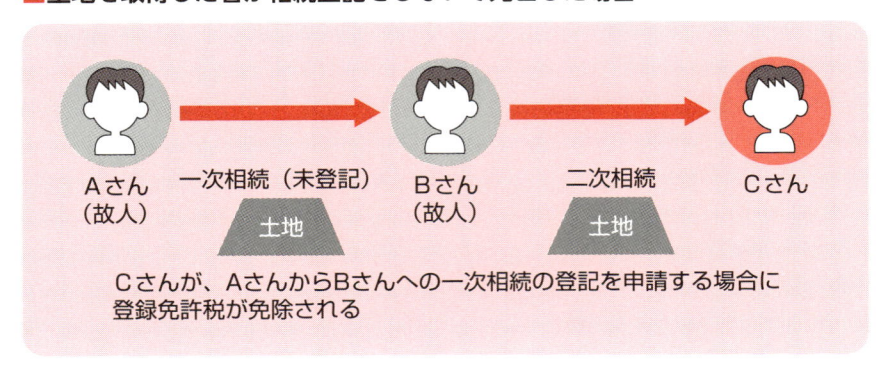

132

21 収入印紙を購入しよう

登録免許税を計算し、必要な収入印紙を購入しましょう。

収入印紙による納付方法

登録免許税の計算が終わったら、**収入印紙**を購入します。

現金納付による納付方法もありますが、この本では一般的な方法である収入印紙による納付に統一して説明をしています。

収入印紙は郵便局などで購入することができますが、ほとんどの法務局には法務局内もしくは隣接する建物に印紙売場があります。

窓口に出向いて登記申請を行う場合は、申請する直前に収入印紙を購入するという流れでもよいでしょう（印紙売場がない場合もありますので、事前にご確認ください）。

購入した収入印紙は、申請書に添付された白紙のＡ４用紙に貼付して法務局に提出することで納付します。

第4章

現金納付による納付方法

金融機関で登録免許税に相当する金額を納付して、その領収証書を登記申請書に貼って提出する方法です。

誰のどんな書類がどのパターンで必要になるか確認しましょう。

対 象	書 類	パターン	掲 載
相続人が誰であっても収集する書類			
不動産の	登記事項証明書	全パターン	P84
亡くなられた方の	住民票（除票）の写しまたは戸籍（除籍）の附票の写し	全パターン	P98 P123
	戸籍（除籍）証明書	全パターン	P115
	出生から死亡までつながる戸籍関係書類	遺産分割・法定相続	P117
相続人全員の	戸籍証明書	遺産分割・法定相続	P124
	印鑑証明書	遺産分割	P101
不動産を取得する相続人の	住民票の写し	全パターン	P100
	戸籍証明書	遺言	P124
不動産の	固定資産評価証明書	全パターン	P127
登録免許税の	収入印紙	全パターン	P133
相続人が第二順位以降の相続の場合に収集する書類			
先順位の方の	出生から死亡までつながる戸籍関係書類	第二順位以降の遺産分割・法定相続	P117
亡くなられた方の	出生から死亡までつながる戸籍関係書類	第二順位以降の遺言（例外あり）	P117
先順位の方の	死亡が確認できる戸籍関係書類	第二順位以降の遺言（例外あり）	P117

※事例により上記以外の書類が必要になる場合もあります。

第5章

相続登記に必要な書類を作成しよう
～事前準備 その2～

　一歩一歩、着実にゴールに近づいています。必要な書類の取得が終わったら、次の段階に進みます。

　遺産分割協議書や委任状など、必要な書類を作成し、最終的に登記申請書を組み上げていきます。

　作成する書面については、印字したものではなく、手書きをしたものでも問題ありません。これまでに集めた書類を確認しながら、ひな型を参考に、1つずつ作成していきましょう。

1 相続関係説明図を作成しよう

相続関係説明図を作成して、戸籍関係の書類を返してもらいましょう。

　相続関係説明図を作成して登記申請書に添付すると、戸籍証明書、除籍証明書、改製原戸籍謄本を登記が完了したときに返してもらうこと（原本還付）ができます。相続関係を整理することにも役立ちますので、取得した戸籍証明書などを参考に、相続関係説明図を作成してみましょう。

これが**相続関係説明図**の**基本パターンの一例**

別パターン P152・P171

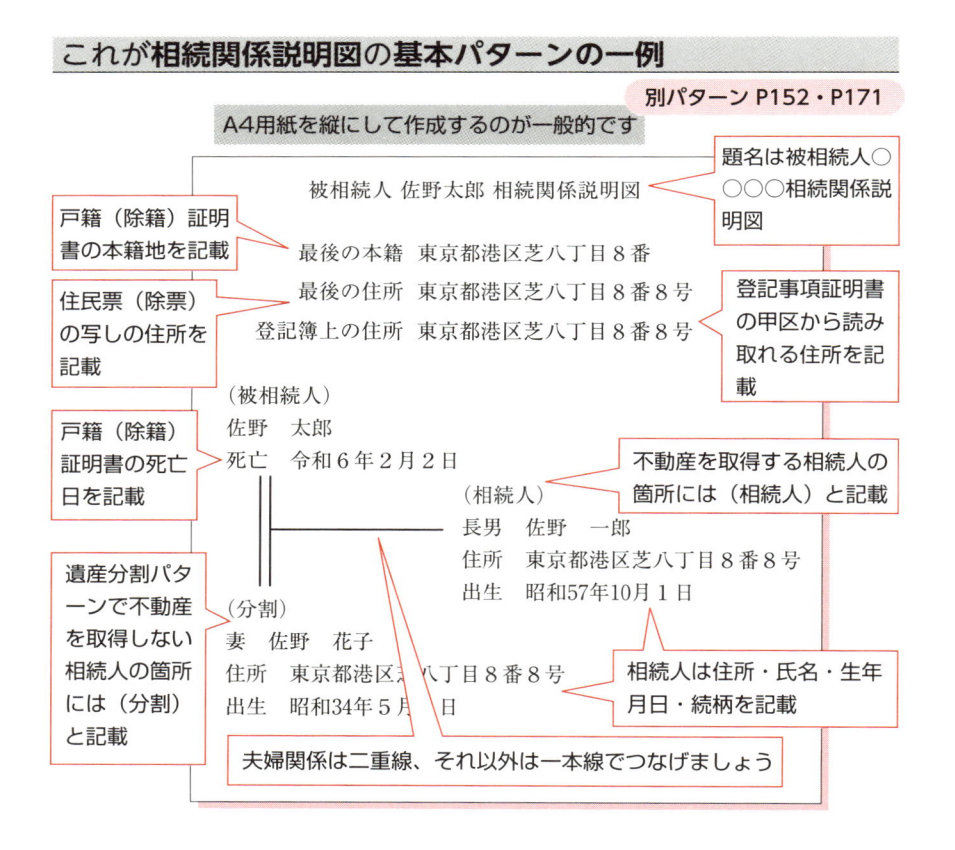

A4用紙を縦にして作成するのが一般的です

被相続人 佐野太郎 相続関係説明図 ← 題名は被相続人○○○○相続関係説明図

戸籍（除籍）証明書の本籍地を記載 → 最後の本籍　東京都港区芝八丁目８番

住民票（除票）の写しの住所を記載 → 最後の住所　東京都港区芝八丁目８番８号

登記簿上の住所　東京都港区芝八丁目８番８号 ← 登記事項証明書の甲区から読み取れる住所を記載

（被相続人）
佐野　太郎
戸籍（除籍）証明書の死亡日を記載 → 死亡　令和６年２月２日

（相続人） ← 不動産を取得する相続人の箇所には（相続人）と記載

長男　佐野　一郎
住所　東京都港区芝八丁目８番８号
出生　昭和57年10月１日

遺産分割パターンで不動産を取得しない相続人の箇所には（分割）と記載 →

（分割）
妻　佐野　花子
住所　東京都港区芝八丁目８番８号
出生　昭和34年５月□日

相続人は住所・氏名・生年月日・続柄を記載

夫婦関係は二重線、それ以外は一本線でつなげましょう

136

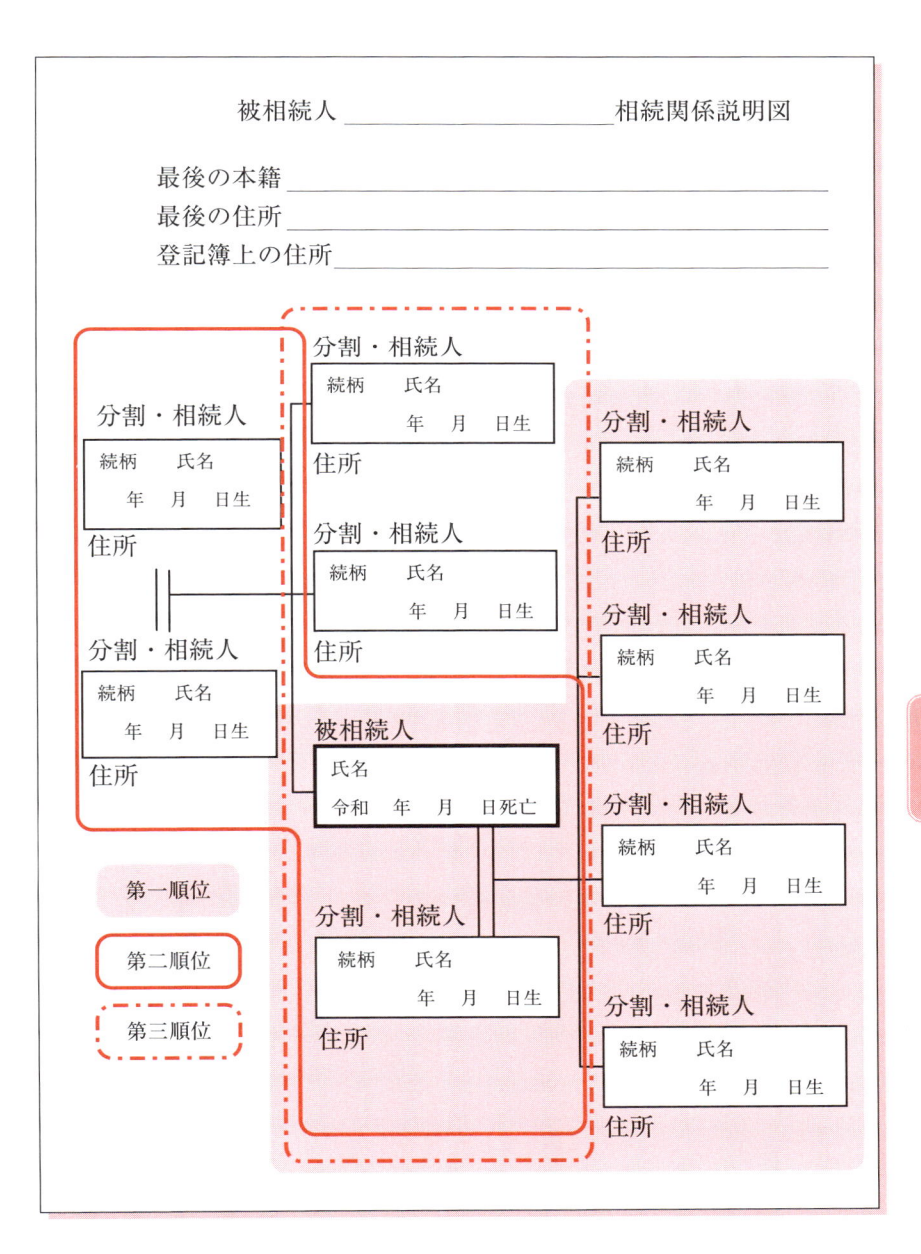

2 法定相続情報証明制度を確認しよう

戸籍関係の書類を提出する代わりに利用できる、法定相続情報一覧図の写しについて確認しておきましょう。

相続登記の際には、基本的に戸籍関係の書類を一式提出しなければなりませんが、**認証文のついた法定相続情報一覧図の写し**を取得しておけば、**戸籍関係の書類一式を提出する代わりに利用することができる**のでとても便利です。ここでその制度について確認しておきましょう。

法定相続情報証明制度の概要

戸籍関係の書類を一式そろえて、法定相続情報一覧図を作成し、必要事項を記載した申出書によって法務局に申出を行います。法務局の確認が完了すると、認証文のついた法定相続情報一覧図の写しが交付されます。この認証文のついた法定相続情報一覧図の写しがあれば、各種相続手続において戸籍関係の書類一式の代わりに使用できるようになります。

金融機関などの手続においても必要書類の案内に記載されることが増えてきましたが、念のため手続を行う金融機関などに使用方法についてあらかじめ確認するようにしましょう。

●制度を利用しない場合

A銀行（預金払戻）

返却

B銀行（預金払戻）

返却

戸籍書類一式

登記 法務局（相続登記）

●制度を利用する場合

登記

ポイント！

法定相続情報一覧図の写し（無料で必要な通数を交付）

預金口座がいくつもある場合におすすめです。手続が同時に進められ、時間短縮につながります。

138

法定相続情報は、あくまで戸籍証明書の情報のみから作成されるものであるため、相続放棄に関する事項などは記載されません。

　また、被相続人や相続人が日本国籍を有しないなど、戸籍証明書を提出できない場合には、制度を利用することができません。

　法定相続情報一覧図は5年間保管され、その期間中は何度でも無料で再交付も可能です。ただし、個人情報保護などの兼ね合いから再交付の申出ができるのは原則として当初の申出人に限られ、他の相続人が再交付を希望する場合には、当初の申出人からの委任状が必要です。

法定相続情報一覧図の写しの**取得方法**

申出できる人	被相続人の相続人、資格者代理人（弁護士、司法書士、土地家屋調査士、税理士、社会保険労務士、弁理士、海事代理士および行政書士）、委任を受けた親族
申出できる法務局 （いずれか）	①被相続人の本籍地 ②被相続人の最後の住所地 ③申出人の住所地 ④被相続人名義の不動産の所在地
申出に必要な費用	無料（戸籍証明書の取得にかかる費用は除きます）
必要な書類（他の書類が必要になる場合あり）	申出書（法務局の窓口か、法務局のウェブサイトからダウンロードして入手します） 法定相続情報一覧図 相続関係を証する戸籍関係の書類一式 被相続人の住民票の除票 申出人の本人確認書類 郵送で申出を行う場合は返信用封筒　など

第5章

■法定相続情報一覧図の保管及び交付の申出書

法定相続情報一覧図の保管及び交付の申出書

別記第1号様式

（補完年月日　令和　　年　　月　　日）

申 出 年 月 日	令和 6 年 9 月 29 日	法定相続情報番号	－ 　 －

被相続人の表示	氏　　　名　　佐野太郎 最後の住所　　東京都港区芝八丁目8番8号 生 年 月 日 昭和29年 6 月 6 日 死亡年月日 令和6 年 2 月 2 日
申 出 人 の 表 示	住所　　東京都港区芝八丁目8番8号 氏名　　佐野一郎 連絡先　　　03－○○○○－○○○○ 被相続人との続柄　（　　　長男　　　）
代 理 人 の 表 示	住所（事務所） 氏名 連絡先　　　　　　－　　　　－ 申出人との関係　□法定代理人　　□委任による代理人
利　　用　　目　　的	☑不動産登記　　☑預貯金の払戻し　☑相続税の申告 ☑年金等手続 □その他（　　　　　　　　　　　　　　　　　　　）
必 要 な 写 し の 通 数 ・ 交 付 方 法	5 通　（　☑窓口で受取　□郵送　） ※郵送の場合、送付先は申出人（又は代理人）の表示欄にある住所（事務所）となる。
被相続人名義の 不動産の有無	☑有　（有の場合、不動産所在事項又は不動産番号を以下に記載する。） □無　　東京都港区芝八丁目8番8号
申出先登記所の 種別	□被相続人の本籍地　　☑被相続人の最後の住所地 □申出人の住所地　　　□被相続人名義の不動産の所在地

　上記被相続人の法定相続情報一覧図を別添のとおり提出し、上記通数の一覧図の写しの交付を申出します。交付を受けた一覧図の写しについては、被相続人の死亡に起因する相続手続及び年金等手続においてのみ使用し、その他の用途には使用しません。
　申出の日から3か月以内に一覧図の写し及び返却書類を受け取らない場合は、廃棄して差し支えありません。

東京（地方）法務局　　港 支局・出張所　　　　宛

※受領確認書類（不動産登記規則第247条第6項の規定により返却する書類に限る。）
戸籍（個人）全部事項証明書（　通）、除籍事項証明書（　通）戸籍謄本（　通）
除籍謄本（　通）、改製原戸籍謄本（　通）戸籍の附票の写し（　通）
戸籍の附票の除票の写し（　通）住民票の写し（　通）、住民票の除票の写し（　通）

受領	確認1	確認2	スキャナ・入力	交付		受取

■法定相続情報一覧図の作成例

A4サイズの丈夫な白い用紙
を縦長に置いて作成

被相続人　佐野太郎　法定相続情報

最後の住所
東京都港区芝八丁目8番8号
最後の本籍
東京都港区芝八丁目8番
出生　昭和29年6月6日
死亡　令和6年2月2日
　（被相続人）
佐野太郎

住所　東京都港区芝八丁目8番8号
出生　昭和57年10月1日
　（長男）
佐野一郎

（申出人）

申出人となる相続人には
「申出人」と併記

住所　東京都港区芝八丁目8番8号
出生　昭和34年5月5日
　（妻）
佐野花子

作成日：　　　　令和6年9月29日
作成者：住所　東京都港区芝八丁目8番8号
　　　　氏名　佐野一郎

作成者の住所・氏名
を記載

下から5センチの範囲に認証文が
付されるので、その範囲には何
も記載しない

3　遺産分割協議書を作成しよう

相続人全員で遺産分割協議を行い、遺産分割協議書を作成します。

　亡くなられた方の遺言が存在せず、相続人の遺産分割協議によって登記を申請する場合は、その協議の内容をまとめた遺産分割協議書を登記申請書に添付します。まずは基本の作り方を確認しましょう。

協議書事例 P151・P155

遺産分割協議書作成の際に注意すること

　遺産分割協議書を作成する際の主な注意点は以下のとおりです。

①相続人全員が参加すること

　遺産分割協議には**相続人全員が参加**する必要があります。相続人が1人でも欠けていた場合、その遺産分割協議は無効になってしまいます。全員が参加するというのは、必ずしも全員が一堂に集合する必要はなく、遠方の相続人がいるときなどは、電話や書類のやり取りによって協議をしても構いません。どのような形式であれ、相続人全員が、財産の分け方について協議し、最終的に合意する必要があります。

②分割内容を正確に記載すること

　誰の遺産に関する話し合いであり、どの遺産（不動産など）について、誰がどのように相続をするのか、という点について、**漏れなく正確に**遺産分割協議書に書き記す必要があります。不動産の特定方法もそうですが、必要な情報に漏れがないよう、また、誤字脱字のないよう注意する必要があります。不備があると、その遺産分割協議書に基づく相続登記ができない場合がありますので、慎重に作成しましょう。

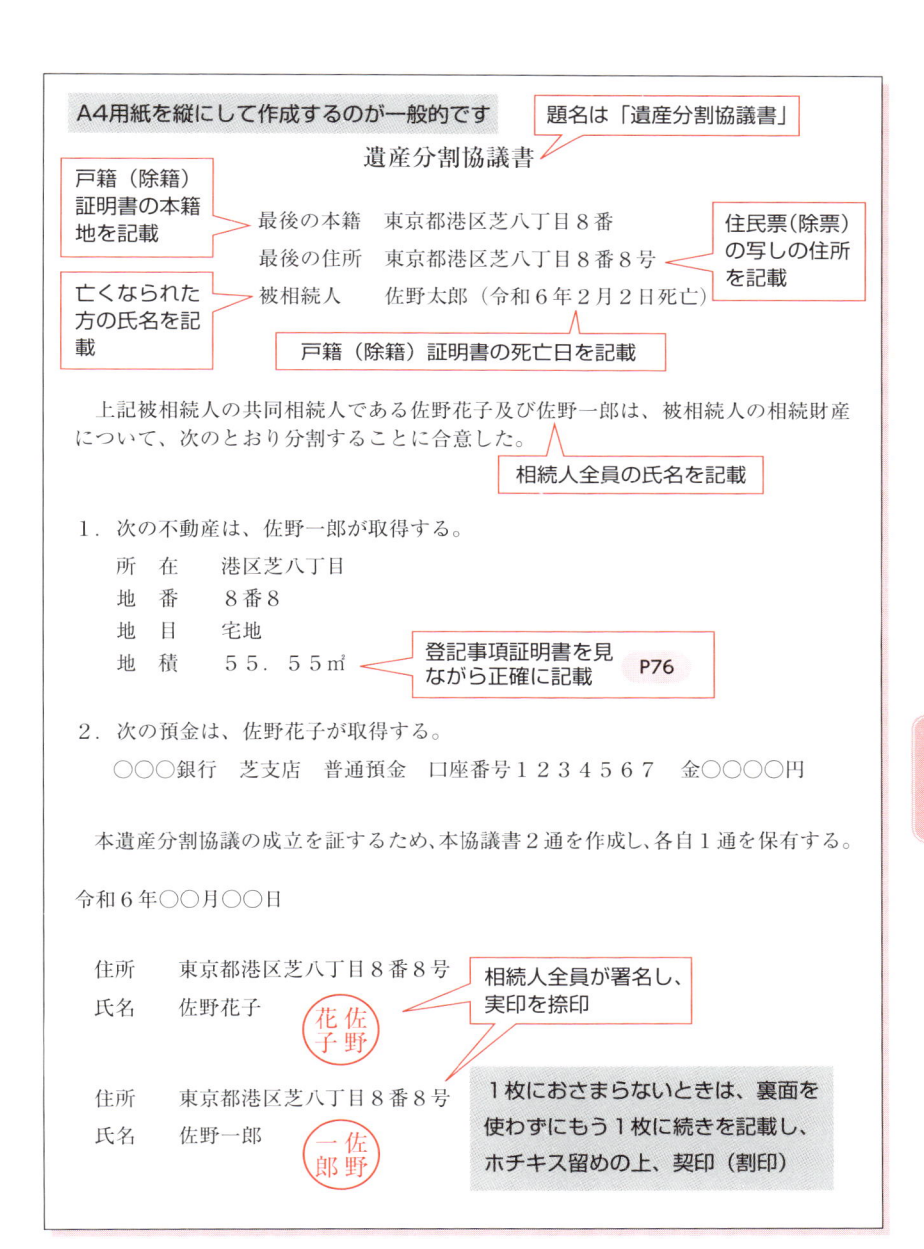

A4用紙を縦にして作成するのが一般的です

題名は「遺産分割協議書」

遺産分割協議書

戸籍（除籍）証明書の本籍地を記載

最後の本籍　東京都港区芝八丁目８番

最後の住所　東京都港区芝八丁目８番８号

住民票（除票）の写しの住所を記載

亡くなられた方の氏名を記載

被相続人　　佐野太郎（令和６年２月２日死亡）

戸籍（除籍）証明書の死亡日を記載

　上記被相続人の共同相続人である佐野花子及び佐野一郎は、被相続人の相続財産について、次のとおり分割することに合意した。

相続人全員の氏名を記載

１．次の不動産は、佐野一郎が取得する。

　　所　在　　港区芝八丁目
　　地　番　　８番８
　　地　目　　宅地
　　地　積　　５５．５５㎡

登記事項証明書を見ながら正確に記載　P76

２．次の預金は、佐野花子が取得する。

　　○○○銀行　芝支店　普通預金　口座番号１２３４５６７　金○○○○円

　本遺産分割協議の成立を証するため、本協議書２通を作成し、各自１通を保有する。

令和６年○○月○○日

　　住所　　東京都港区芝八丁目８番８号
　　氏名　　佐野花子　　（佐野花子）

相続人全員が署名し、実印を捺印

　　住所　　東京都港区芝八丁目８番８号
　　氏名　　佐野一郎　　（佐野一郎）

１枚におさまらないときは、裏面を使わずにもう１枚に続きを記載し、ホチキス留めの上、契印（割印）

第5章

4 遺産分割協議書に捺印しよう

作成した遺産分割協議書の捺印には注意が必要です。

作成した遺産分割協議書には、相続人全員で合意したことを証明するために、**相続人全員が捺印**します。捺印に不備があると相続登記ができません。また、遺産分割協議書の文言に不備があった場合は、捺印（訂正印）で訂正をすることができます。捺印の際の注意点、誤字・脱字の訂正方法について確認しましょう。

遺産分割協議書の捺印の際に注意すること

①相続人全員が実印で捺印すること

登記手続では、場合により実印がいらない方が出てくることもあります。ですが、相続人全員で確かに合意したということを証するためにも相続人全員が実印で捺印し、印鑑証明書も用意するようにしてください。

②枚数が2枚以上になる場合は契印（割印）を押すこと

遺産分割協議書について、書面の枚数が2枚以上になってしまう場合は、書面と書面とのつながりを証明するために**捺印をする人全員が同じ印鑑で契印（割印）**をする必要があります。契印（割印）が漏れていると登記申請にも使用できませんので注意しましょう。

誤字・脱字があった場合の正しい**訂正方法**

万が一、協議書に訂正箇所が見つかった場合は、新たに作成し直すか、印鑑を使って**正しい方法**で訂正しましょう。

訂正箇所に二重線を引き、そのすぐ上か下に正しい記載をし、二重線を引いた箇所に直接訂正印を押す「**直接法**」と、欄外に訂正印を押し、「〇字削除〇字加入（〇字訂正）」と記載する「**間接法**」があります。

144

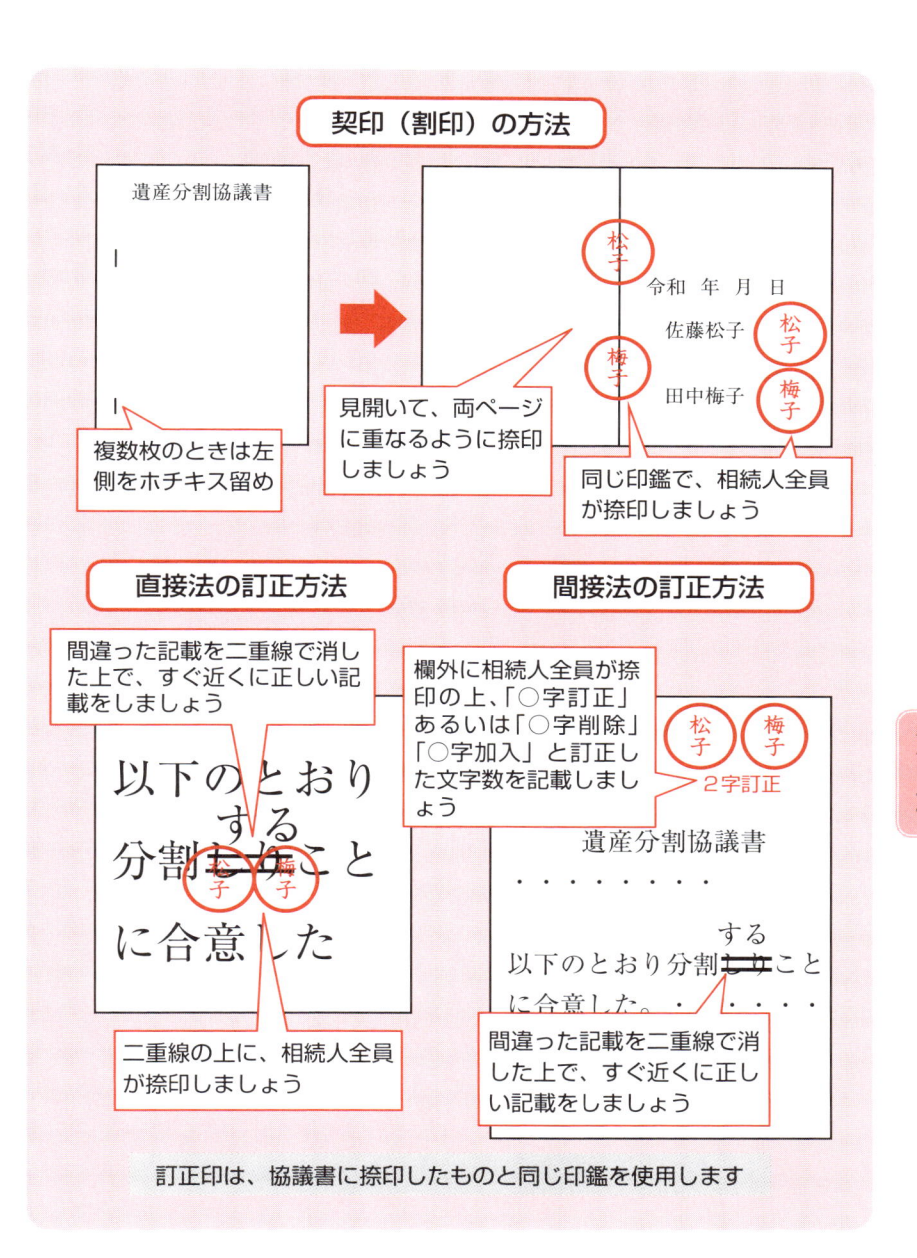

契印（割印）の方法

遺産分割協議書

複数枚のときは左側をホチキス留め

見開いて、両ページに重なるように捺印しましょう

令和　年　月　日

佐藤松子

田中梅子

同じ印鑑で、相続人全員が捺印しましょう

直接法の訂正方法

間違った記載を二重線で消した上で、すぐ近くに正しい記載をしましょう

以下のとおり
する
分割ことに合意した

二重線の上に、相続人全員が捺印しましょう

間接法の訂正方法

欄外に相続人全員が捺印の上、「○字訂正」あるいは「○字削除」「○字加入」と訂正した文字数を記載しましょう

2字訂正

遺産分割協議書
・・・・・・・
する
以下のとおり分割ことに合意した。・・・・・

間違った記載を二重線で消した上で、すぐ近くに正しい記載をしましょう

訂正印は、協議書に捺印したものと同じ印鑑を使用します

第5章

5 委任状を作成しよう

代理人に手続をしてもらうためには、委任状が必要です。

相続を受ける人が**全員**で相続登記を申請するのが**原則**

　相続登記においては、不動産を取得する相続人が申請人となって登記を申請します。2人以上の相続人がそれぞれ持分を相続する場合は、持分を受ける**相続人全員が申請人**となるのが原則です。

代理人を選任する場合は**委任状**が必要

　もし、相続登記の手続を他の相続人や親族に任せたい（委任したい）場合はどうしたらよいでしょうか。

　その場合は、委任した内容が確認できる委任状を作成し、登記申請書に添付することで、相続登記の手続を代理してもらうことができます。

代理人として**委任を受ける**場合に注意すること

　他の相続人から正式に委任を受けて登記手続を代理する、ということであれば特に問題はありませんが、たとえ親族であっても、委任を受けずに勝手に委任状を作ってしまうのは犯罪です。

　また、司法書士等以外の者が業として（利益を得ることを目的とする場合など）登記手続を代理することは司法書士法などで禁止されていますので注意しましょう。

委任状の不動産の表示について

　委任状には、相続登記をする不動産の表示も記載します。一部を省略して記載する方法もありますが、間違えてしまうおそれがありますので、省略せず正確に記載するようにしましょう。

A4用紙を縦にして作成するのが一般的です

題名は「委任状」

委　任　状

（受任者）住所　渋谷区代々木六丁目６番６号
　　　　　氏名　　伊藤　太郎

委任を受けた人の住所・氏名を記載

　　私は、上記の者を代理人と定め、下記の権限を委任します。

亡くなられた方が所有権の一部を持っていたときは「○○持分全部移転」と記載

記

１．下記の所有権移転登記申請に関する一切の件
　　　　原　因　令和６年２月２日　相続
　　　　相続人　（被相続人　佐野太郎）

「亡くなられた日
相続」と記載

亡くなられた方の氏名を記載

　　　　　　　　港区芝八丁目８番８号
　　　　　　　　佐野一郎

不動産を取得する相続人の住所・氏名を記載（持分の場合は氏名の前に持分も記載）

　　　不動産の表示（略）

登記事項証明書を見ながら正確に記載　P76

委任事項１～４を記載

２．原本還付請求及び受領に関する件
３．登記識別情報通知書及び登記完了証の受領の件
４．登記申請の取下げまたは補正に関する件

令和６年○○月○○日

（委任者）住所　港区芝八丁目８番８号
　　　　　氏名　佐野一郎

委任者が署名・捺印
（印鑑は認印で可）

一郎

第5章

相続登記に必要な書類を作成しよう　147

6 遺産分割パターンの申請書を作成しよう

相続登記の中で最も代表的な形式です。

　さあ、いよいよ作成書類の最終段階である「申請書」です。これまで努力して準備した書類を1つに凝縮する作業になります。

　ここでは、遺産分割パターンの申請書の作成方法を説明します。事例別に申請書ひな型を確認するとともに、これまでの復習も兼ね、添付書類についても併せて確認しましょう。　**登記申請書の基本 P66**

事例で確認していきましょう

　それでは、具体的に遺産分割パターンの申請書とその添付書類を事例で確認していきましょう。

●**事例1**：父佐藤一郎、母花子、長男太郎、長女花江の4人家族。父一郎が令和6年1月1日に死亡。相続人は花子、太郎、花江で確定した。一郎名義の不動産は実家の土地と建物のみである。

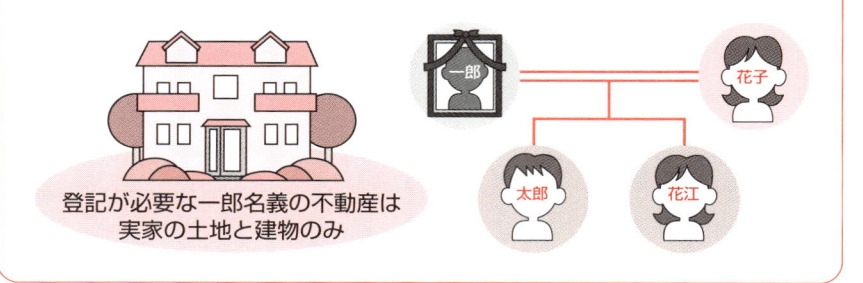

登記が必要な一郎名義の不動産は
実家の土地と建物のみ

●**事例1－1**：妻花子、長男太郎、長女花江は遺産分割協議を行い、花子が単独で不動産を取得することに合意した。

事例１－１　申請書　**基本 P66**　　　**A4用紙を縦にして作成しよう**

法務局の処理の関係上、上部を６センチほど余白に

登記の目的は「所有権移転」と記載

登記申請書

題名は「登記申請書」

登記の目的　　　所有権移転

原　　因　　　令和６年１月１日相続

原因は「一郎の亡くなった日 相続」

相　続　人　　（被相続人　佐藤一郎）

被相続人として一郎の氏名を記載

　　　　　　　横浜市中区桜木町四丁目２番３号

花子の住所・氏名・法務局からの連絡用電話番号等を記載して押印

（申請人）佐藤花子　花子

花子の印鑑は認印で可

氏名ふりがな	さとう　はなこ
生年月日	昭和３４年５月６日
メールアドレス	satohanako875@example.com

　　　　　　連絡先の電話番号　０９０－○○○○－○○○○

添　付　情　報　　登記原因証明情報　住所証明情報

添付情報はこの２つを記載（具体的な添付書類は後述）

申請をする日を記載

管轄の法務局名を記載

令和６年○月○日申請　横浜地方法務局

課　税　価　格　　金○万○○○○円

登録免許税　　　金○万○○○○円

課税価格を記載　P129

登録免許税を記載　P129

不動産の表示

　　所　　在　　横浜市中区桜木町四丁目

　　地　　番　　１２３番４

　　地　　目　　宅地

　　地　　積　　８８．８８㎡　　この価格金○○○○円

登記事項証明書を見ながら不動産を記載　P76

　　所　　在　　横浜市中区桜木町四丁目１２３番地４

　　家屋番号　　１２３番４

　　種　　類　　居宅

　　構　　造　　木造かわらぶき平家建

　　床　面　積　　４４．４４㎡　　この価格金○○○○円

不動産が複数の場合は不動産それぞれの固定資産の価格を記載

事例１－１　具体的な添付書類

[登記原因証明情報として]

①被相続人（一郎）の死亡の記載のある戸籍（除籍）証明書

②被相続人（一郎）の出生までさかのぼる除籍・改製原戸籍謄本など

③相続人全員（花子・太郎・花江）の戸籍証明書

④被相続人（一郎）の住民票（除票）の写し　　参考 P98

⑤遺産分割協議書（印鑑証明書付）

[住所証明情報として]

⑥不動産を取得する相続人（花子）の住民票か戸籍の附票の写し

[その他：登録免許税計算の根拠として]

⑦土地と建物の固定資産評価証明書（納税通知書・課税明細書）

[戸籍証明書等を還付する場合、登記原因証明情報の一部として]

⑧相続関係説明図

※①〜④、⑥は法定相続情報一覧図の写しで代用可。

ちょっと確認　不動産番号と不動産の表示

　不動産の登記事項証明書には、表題部に不動産番号というものが記載されています。不動産ごとに割り振られている番号なのですが、これを登記申請書に記載することで、土地の所在、地番、地目、地積（建物の所在、家屋番号、種類、構造、床面積）の記載を省略できます。

　ただし、敷地権の種類、敷地権の割合の記載は省略できないことなどから、この本では原則どおり、必要な事項を正確に記載する方法ですべての登記申請書を案内しています。

表題部（主である建物の表示）		調製	余白	不動産番号	0123456790101
所在図番号	余白				
所在	横浜市中区桜木町四丁目123番地 4		余白		

事例１−１　遺産分割協議書　**基本 P142**

遺産分割協議書

亡くなった日　　　最後の住所地と氏名　　　最後の本籍地

　令和６年１月１日、横浜市中区桜木町四丁目２番３号　佐藤一郎（最後の本籍　横浜市中区桜木町四丁目１２３番地）の死亡によって開始した相続の共同相続人である佐藤花子、佐藤太郎及び佐藤花江は、本日、その相続財産について、次のとおり遺産分割の協議を行った。

１．次の各号の不動産は、佐藤花子がすべて単独で取得する。

　　（１）所　　　在　　　横浜市中区桜木町四丁目
　　　　　地　　　番　　　１２３番４
　　　　　地　　　目　　　宅地
　　　　　地　　　積　　　８８．８８㎡

登記事項証明書を見ながら不動産を記載
P76

　　（２）所　　　在　　　横浜市中区桜木町四丁目１２３番地４
　　　　　地　　　番　　　１２３番４
　　　　　種　　　類　　　居宅
　　　　　構　　　造　　　木造かわらぶき平家建
　　　　　床 面 積　　　　４４．４４㎡

　本遺産分割協議の成立を証するため、本協議書３通を作成し、各自１通を保有する。

令和６年○月○日

　　住所　　横浜市中区桜木町四丁目２番３号
　　氏名　　佐藤花子　花子

　　住所　　横浜市中区桜木町四丁目２番３号
　　氏名　　佐藤太郎　太郎

　　住所　　横浜市中区桜木町四丁目２番３号
　　氏名　　佐藤花江　花江

花子・太郎・花江が署名し、それぞれ実印を捺印

事例1－1　相続関係説明図　**基本 P136**

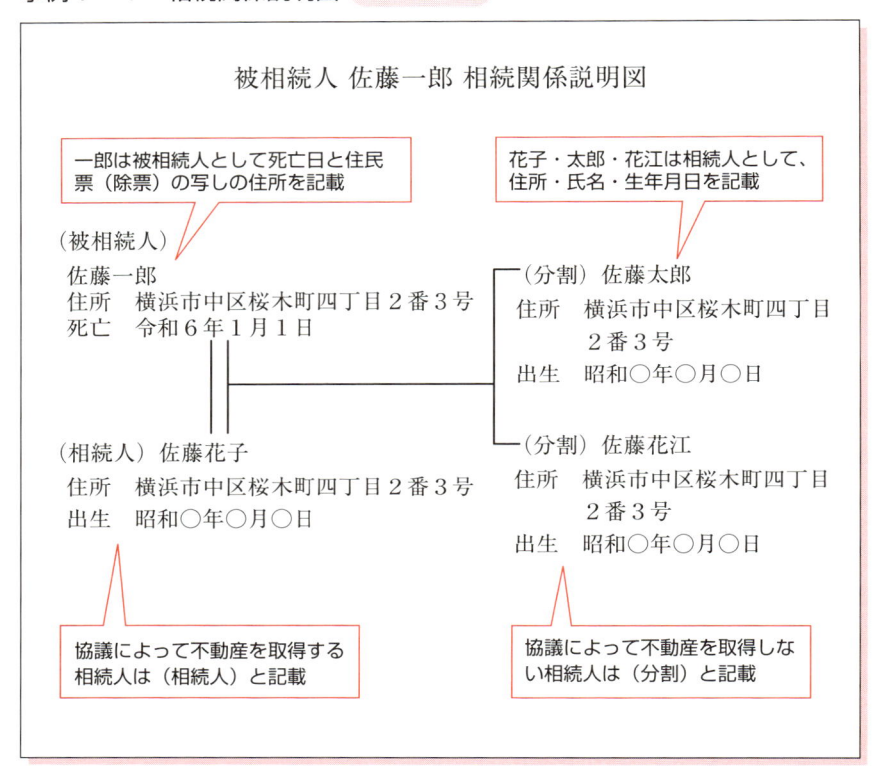

被相続人 佐藤一郎 相続関係説明図

一郎は被相続人として死亡日と住民票（除票）の写しの住所を記載

花子・太郎・花江は相続人として、住所・氏名・生年月日を記載

（被相続人）
佐藤一郎
住所　横浜市中区桜木町四丁目2番3号
死亡　令和6年1月1日

（分割）佐藤太郎
住所　横浜市中区桜木町四丁目2番3号
出生　昭和○年○月○日

（相続人）佐藤花子
住所　横浜市中区桜木町四丁目2番3号
出生　昭和○年○月○日

（分割）佐藤花江
住所　横浜市中区桜木町四丁目2番3号
出生　昭和○年○月○日

協議によって不動産を取得する相続人は（相続人）と記載

協議によって不動産を取得しない相続人は（分割）と記載

　相続関係説明図を添付することで、登記完了時に戸籍証明書、除籍証明書、改製原戸籍謄本の原本を還付してもらえます。遺産分割協議書、印鑑証明書、住民票（除票）の写し、戸籍の附票の写し、固定資産評価証明書などを返してもらいたいときは、別途コピーを用意し、原本還付の処理をしましょう。　**原本還付 P174**

●**事例１－２**：妻花子、長男太郎、長女花江は遺産分割協議を行い、花子が２分の１、太郎が２分の１の割合で不動産を取得することに合意。花子と太郎は親族の山本正夫に登記手続一切を委任した。

事例１－２　申請書　**基本 P66**　　　　　　　　A4用紙を縦にして作成しよう

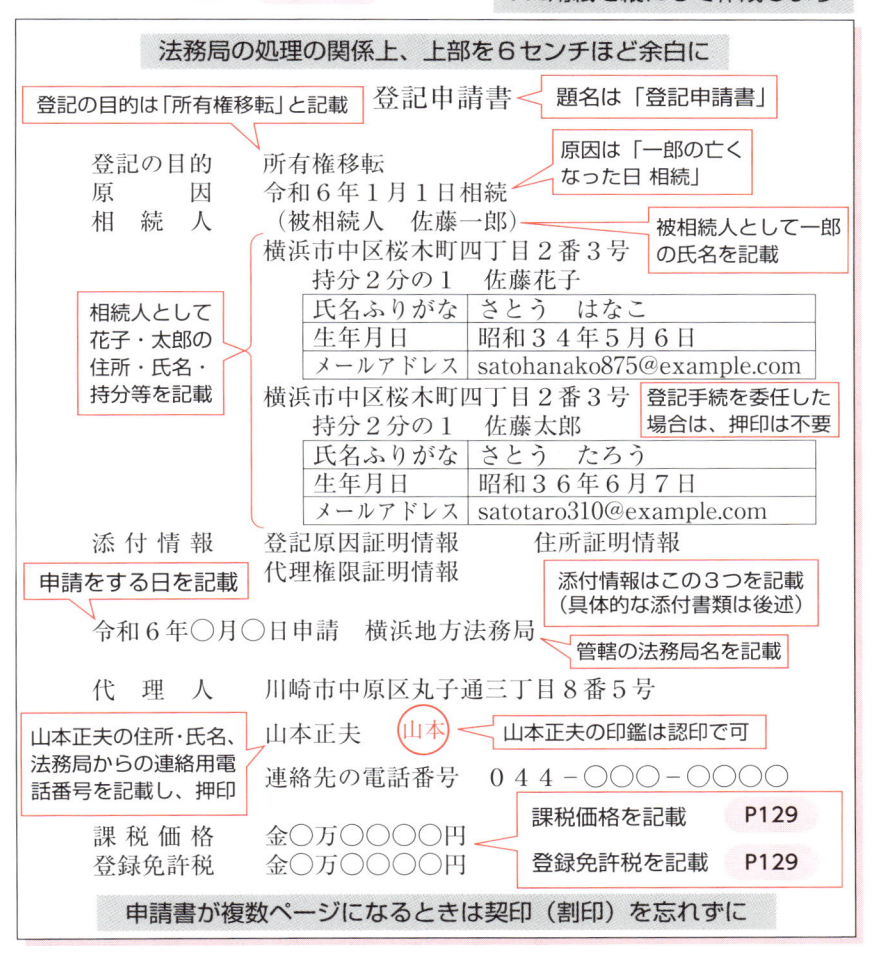

法務局の処理の関係上、上部を６センチほど余白に

登記の目的は「所有権移転」と記載　　登記申請書　題名は「登記申請書」

登記の目的	所有権移転
原　　　因	令和６年１月１日相続
相　続　人	（被相続人　佐藤一郎）

原因は「一郎の亡くなった日 相続」

被相続人として一郎の氏名を記載

横浜市中区桜木町四丁目２番３号
　　持分２分の１　佐藤花子

氏名ふりがな	さとう　はなこ
生年月日	昭和３４年５月６日
メールアドレス	satohanako875@example.com

相続人として花子・太郎の住所・氏名・持分等を記載

横浜市中区桜木町四丁目２番３号
　　持分２分の１　佐藤太郎

登記手続を委任した場合は、押印は不要

氏名ふりがな	さとう　たろう
生年月日	昭和３６年６月７日
メールアドレス	satotaro310@example.com

添 付 情 報	登記原因証明情報　　　住所証明情報
	代理権限証明情報

申請をする日を記載

添付情報はこの３つを記載（具体的な添付書類は後述）

令和６年○月○日申請　横浜地方法務局

管轄の法務局名を記載

代　理　人	川崎市中原区丸子通三丁目８番５号
	山本正夫　　山本

山本正夫の住所・氏名、法務局からの連絡用電話番号を記載し、押印

山本正夫の印鑑は認印で可

連絡先の電話番号　０４４－○○○○－○○○○

課 税 価 格	金○万○○○○円
登録免許税	金○万○○○○円

課税価格を記載　　**P129**

登録免許税を記載　　**P129**

申請書が複数ページになるときは契印（割印）を忘れずに

不動産の表示

所　　在	横浜市中区桜木町四丁目	
地　　番	１２３番４	
地　　目	宅地	
地　　積	８８．８８㎡	この価格金○○○○円
所　　在	横浜市中区桜木町四丁目１２３番地４	
家屋番号	１２３番４	
種　　類	居宅	
構　　造	木造かわらぶき平家建	
床 面 積	４４．４４㎡	この価格金○○○○円

> 登記事項証明書を見ながら不動産を正確に記載
> P76

> 不動産が複数あるときはそれぞれの固定資産の価格を記載

事例１−２　具体的な添付書類

[登記原因証明情報として]

　①被相続人（一郎）の死亡の記載のある戸籍（除籍）証明書

　②被相続人（一郎）の出生までさかのぼる除籍・改製原戸籍謄本など

　③相続人全員（花子・太郎・花江）の戸籍証明書

　④被相続人（一郎）の住民票（除票）の写し　　参考 P98

　⑤遺産分割協議書（印鑑証明書付）

[住所証明情報として]

　⑥不動産を取得する相続人（花子・太郎）の住民票か戸籍の附票の写し

[代理権限証明情報として]

　⑦委任する人（花子・太郎）から代理人（山本正夫）への委任状

[その他：登録免許税計算の根拠として]

　⑧土地と建物の固定資産評価証明書（納税通知書・課税明細書）

[戸籍証明書等を還付する場合、登記原因証明情報の一部として]

　⑨相続関係説明図

　※①〜④、⑥は法定相続情報一覧図の写しで代用可。

遺産分割協議書

亡くなった一郎の情報を記載

　令和６年１月１日、横浜市中区桜木町四丁目２番３号　佐藤一郎（最後の本籍　横浜市中区桜木町四丁目１２３番地）の死亡によって開始した相続の共同相続人である佐藤花子、佐藤太郎及び佐藤花江は、本日、その相続財産について、次のとおり遺産分割の協議を行った。

１．次の各号の不動産は、佐藤花子が２分の１、佐藤太郎が２分の１の割合で
　　それぞれ取得する。
　　（１）所　　　在　　　横浜市中区桜木町四丁目
　　　　　地　　　番　　　１２３番４
　　　　　地　　　目　　　宅地
　　　　　地　　　積　　　８８．８８㎡

登記事項証明書を見ながら不動産を正確に記載　P76

　　（２）所　　　在　　　横浜市中区桜木町四丁目１２３番地４
　　　　　家屋番号　　　　１２３番４
　　　　　種　　　類　　　居宅
　　　　　構　　　造　　　木造かわらぶき平家建
　　　　　床　面　積　　　４４．４４㎡

　本遺産分割協議の成立を証するため、本協議書３通を作成し、各自１通を保有する。
令和６年〇月〇日
　　　住所　　　横浜市中区桜木町四丁目２番３号
　　　氏名　　　佐藤花子　　花子
　　　住所　　　横浜市中区桜木町四丁目２番３号
　　　氏名　　　佐藤太郎　　太郎
　　　住所　　　横浜市中区桜木町四丁目２番３号
　　　氏名　　　佐藤花江　　花江

花子・太郎・花江が署名し、それぞれ実印を捺印

第5章

事例１－２　委任状　**基本 P146**

委　任　状

委任を受けた山本正夫の住所・氏名を記載

（受任者）住所　川崎市中原区丸子通三丁目８番５号
　　　　　氏名　　山本正夫
私たちは、上記の者を代理人と定め、下記の権限を委任します。

記

１．下記の所有権移転登記申請に関する一切の件
　　　　原　因　令和６年１月１日　相続
　　　　相続人　（被相続人 佐藤一郎）
　　　　　　　　横浜市中区桜木町四丁目２番３号
　　　　　　　　持分２分の１　佐藤花子
　　　　　　　　横浜市中区桜木町四丁目２番３号
　　　　　　　　持分２分の１　佐藤太郎
　　　　不動産の表示　　　（略）

申請書と同じように記載　**P76**

２．原本還付請求及び受領に関する件
３．登記識別情報通知書及び登記完了証の受領の件
４．登記申請の取下げまたは補正に関する件

令和６年○月○日

登記の手続を委任する花子と太郎が署名し、それぞれ捺印

（委任者）住所　　横浜市中区桜木町四丁目２番３号
　　　　　氏名　　佐藤花子　　　　　　　　　　（花子）
（委任者）住所　　横浜市中区桜木町四丁目２番３号
　　　　　氏名　　佐藤太郎　　　　　　　　　　（太郎）

花子・太郎の印鑑は認印で可

委任状が複数ページになるときは契印（割印）を忘れずに

156

事例 1-2　相続関係説明図　**基本 P136**

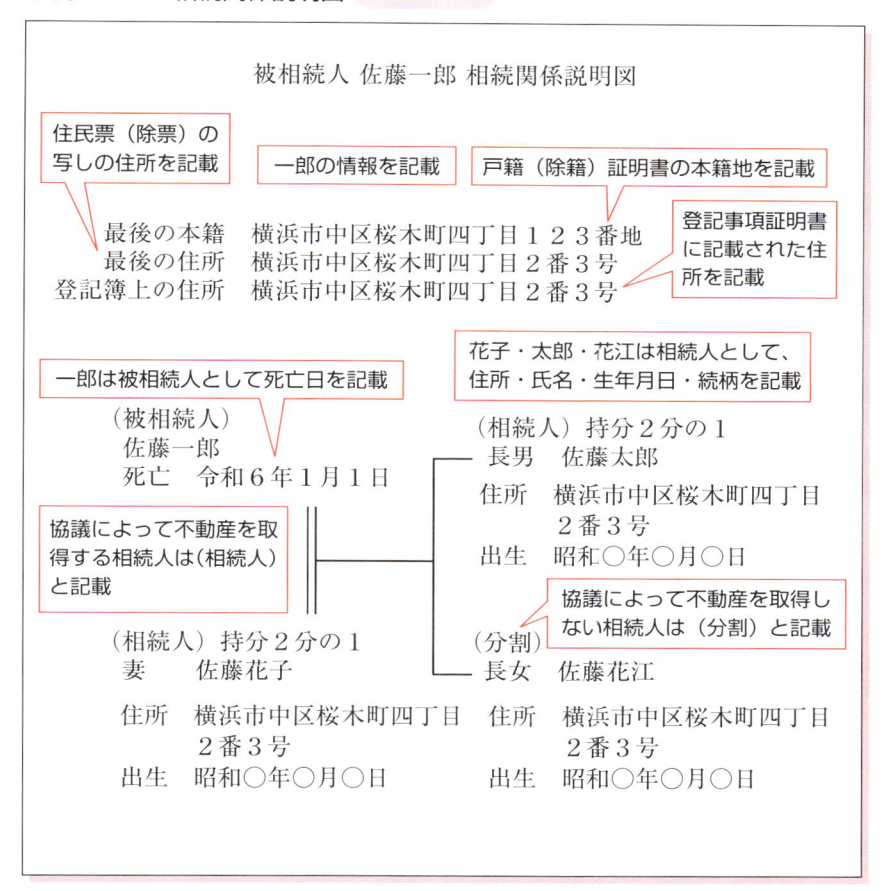

被相続人 佐藤一郎 相続関係説明図

住民票（除票）の写しの住所を記載

一郎の情報を記載

戸籍（除籍）証明書の本籍地を記載

登記事項証明書に記載された住所を記載

最後の本籍　横浜市中区桜木町四丁目１２３番地
最後の住所　横浜市中区桜木町四丁目２番３号
登記簿上の住所　横浜市中区桜木町四丁目２番３号

花子・太郎・花江は相続人として、住所・氏名・生年月日・続柄を記載

一郎は被相続人として死亡日を記載

（被相続人）
佐藤一郎
死亡　令和６年１月１日

（相続人）持分２分の１
　長男　佐藤太郎
　住所　横浜市中区桜木町四丁目
　　　　２番３号
　出生　昭和○年○月○日

協議によって不動産を取得する相続人は（相続人）と記載

協議によって不動産を取得しない相続人は（分割）と記載

（相続人）持分２分の１
　妻　　佐藤花子

（分割）
　長女　佐藤花江

住所　横浜市中区桜木町四丁目
　　　２番３号
出生　昭和○年○月○日

住所　横浜市中区桜木町四丁目
　　　２番３号
出生　昭和○年○月○日

第5章

　相続関係説明図を添付することで、登記完了時に戸籍証明書、除籍証明書、改製原戸籍謄本の原本を還付してもらえます。遺産分割協議書、印鑑証明書、住民票（除票）の写し、戸籍の附票の写し、固定資産評価証明書などを返してもらいたいときは、別途原本還付の処理をしましょう。**原本還付 P174**

持分を移転するときの注意点

　亡くなられた方が不動産の全部ではなく、一部を所有していた場合、申請書の記載はどのように変わるのか、見てみましょう。

　●**例題**：被相続人一郎の相続財産である土地持分2分の1を、妻花子と長男太郎がそれぞれ半分、つまり4分の1ずつ相続する場合

例題　申請書（抜粋）

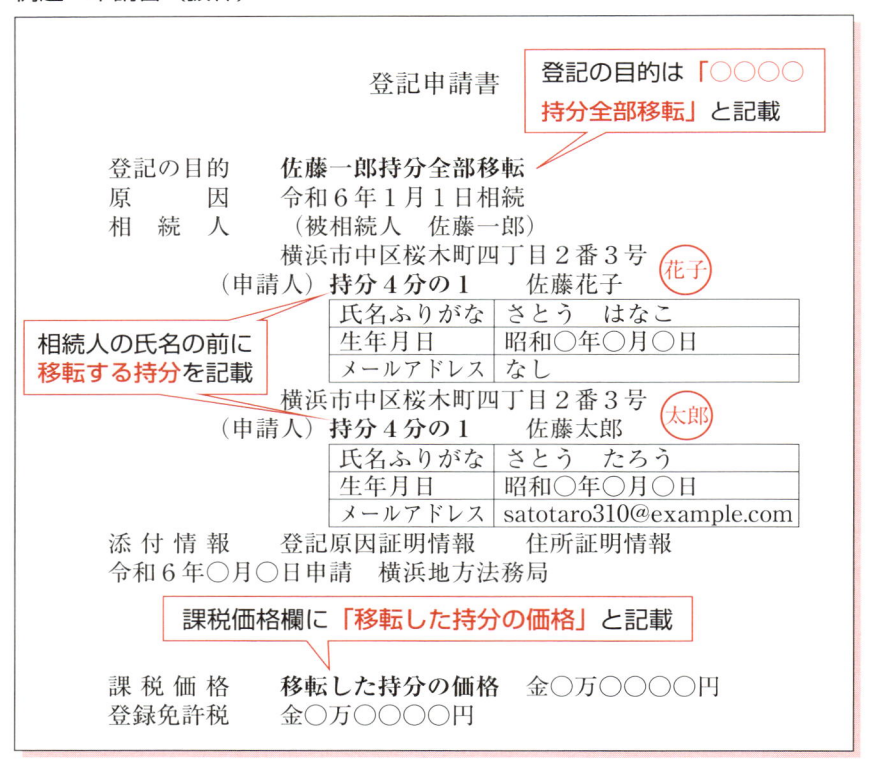

```
　　　　　　　　　　　　　　登記申請書
```

登記の目的は「○○○○ 持分全部移転」と記載

登記の目的　　**佐藤一郎持分全部移転**
原　　　因　　令和6年1月1日相続
相　続　人　　（被相続人　佐藤一郎）
　　　　　　　横浜市中区桜木町四丁目2番3号
（申請人）**持分4分の1**　　佐藤花子　　花子

氏名ふりがな	さとう　はなこ
生年月日	昭和○年○月○日
メールアドレス	なし

相続人の氏名の前に **移転する持分**を記載

　　　　　　　横浜市中区桜木町四丁目2番3号
（申請人）**持分4分の1**　　　佐藤太郎　　太郎

氏名ふりがな	さとう　たろう
生年月日	昭和○年○月○日
メールアドレス	satotaro310@example.com

添　付　情　報　　登記原因証明情報　　住所証明情報
令和6年○月○日申請　　横浜地方法務局

課税価格欄に「移転した持分の価格」と記載

課　税　価　格　　**移転した持分の価格**　金○万○○○○円
登録免許税　　　金○万○○○○円

　この3つ以外は大きな違いはありません。後ほど、事例の中で持分の場合も出てきます。全部移転との違いを意識しながら準備しましょう。

7 法定相続パターンの申請書を作成しよう

遺言がなく、法定相続分のとおりに相続した場合の登記です。

　ここでは法定相続分に基づく相続登記を、事例別に申請書を見ながら確認します。これまでの復習も兼ねて添付書類も確認しましょう。

事例で確認していきましょう

　法定相続パターンの申請書とその添付書類を事例で確認しましょう。

●**事例2**：父山本一郎、母花子、長男太郎、長女花江の4人家族。父一郎が令和6年1月1日に死亡。一郎名義の不動産はマンションの1室のみ。

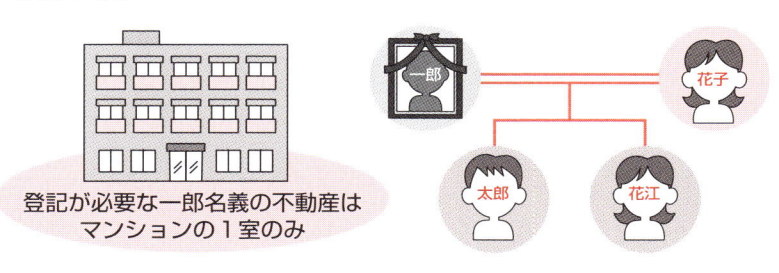

登記が必要な一郎名義の不動産は
マンションの1室のみ

ちょっと復習　法定相続分を確認しておこう　P46

相続人	配偶者	子	直系尊属	兄弟姉妹
配偶者のみ	1分の1	—	—	—
配偶者と子	2分の1	2分の1	—	—
配偶者と直系尊属	3分の2	—	3分の1	—
配偶者と兄弟姉妹	4分の3	—	—	4分の1

※同じ順位の者が複数いるときは、等分します。非嫡出子の相続分は、嫡出子の相続分と同じです。
※前の順位の者が1人でもいるときは、後の順位の者は相続できません。

第5章

●**事例2**：妻花子、長男太郎、長女花江は法定相続分のとおりに全員で相続登記を申請する。

事例2　申請書　　　**基本 P66**　　　　**A4用紙を縦にして作成しよう**

法務局の処理の関係上、上部を6センチほど余白に

登記の目的は「所有権移転」

登記申請書　←　題名は「登記申請書」

登記の目的	所有権移転
原　　因	令和6年1月1日相続
相　続　人	（被相続人　山本一郎）

原因は「一郎の亡くなった日 相続」

被相続人として一郎の氏名を記載

港区芝八丁目8番8－101号
（申請人）持分2分の1　山本花子　花子

氏名ふりがな	やまもと　はなこ
生年月日	昭和○年○月○日
メールアドレス	なし

相続人として花子・太郎・花江の住所・氏名・持分・法務局からの連絡用の電話番号等を記載し、押印

港区芝八丁目8番8－101号
（申請人）持分4分の1　山本太郎　太郎

氏名ふりがな	やまもと　たろう
生年月日	昭和○年○月○日
メールアドレス	yamamototaro@example.com

花子・太郎・花江の印鑑は認印で可

港区芝八丁目8番8－101号
（申請人）持分4分の1　山本花江　花江

氏名ふりがな	やまもと　はなえ
生年月日	昭和○年○月○日
メールアドレス	hanae.y@example.com

添付情報はこの2つを記載（具体的な添付書類は後述）

連絡先の電話番号　03－○○○○－○○○○
添　付　情　報　　登記原因証明情報　　住所証明情報

令和6年○月○日申請　東京法務局港出張所

管轄の法務局名を記載

申請をする日を記載

課 税 価 格　　金○万○○○○円
登録免許税　　金○万○○○○円

課税価格を記載　　　**P129**
登録免許税を記載　　**P129**
※マンションの場合　**P130**

申請書が複数ページになるときは契印（割印）を忘れずに

160

不動産の表示
　一棟の建物の表示
　　　所　　　在　　　港区芝八丁目８番地８
　　　建物の名称　　　芝マンション
　専有部分の建物の表示
　　　家 屋 番 号　　　芝八丁目　８番８の１０１
　　　建物の名称　　　１０１
　　　種　　　類　　　居宅
　　　構　　　造　　　鉄筋コンクリート造１階建
　　　床 面 積　　　１階部分　８８．８８平方メートル
　敷地権の表示
　　　土地の符号　　　１
　　　所在及び地番　　港区芝八丁目８番８
　　　地　　　目　　　宅地
　　　地　　　積　　　８８８．８８平方メートル
　　　敷地権の種類　　所有権
　　　敷地権の割合　　１００００分の１００

> 登記事項証明書を見ながら不動産を正確に記載　**P76**

事例２　具体的な添付書類

［登記原因証明情報として］

　①被相続人（一郎）の死亡の記載のある戸籍（除籍）証明書

　②被相続人（一郎）の出生までさかのぼる除籍・改製原戸籍謄本など

　③相続人全員（花子・太郎・花江）の戸籍証明書

　④被相続人（一郎）の住民票（除票）の写し　**参考 P98**

［住所証明情報として］

　⑤相続人全員（花子・太郎・花江）の住民票か戸籍の附票の写し

［その他：登録免許税計算の根拠として］

　⑥土地と建物の固定資産評価証明書（納税通知書・課税明細書）

［戸籍証明書等を還付する場合、登記原因証明情報の一部として］

　⑦相続関係説明図

※①～⑤は法定相続情報一覧図の写しで代用可。

事例2　相続関係説明図　基本 P136

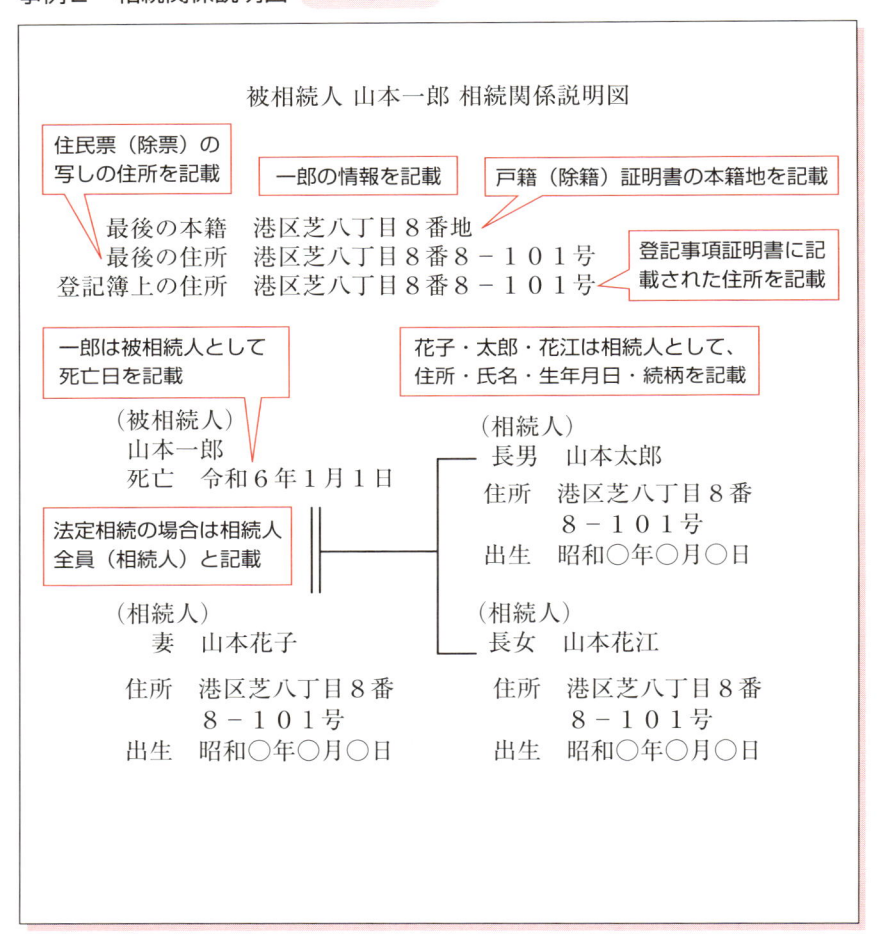

被相続人 山本一郎 相続関係説明図

住民票（除票）の写しの住所を記載

一郎の情報を記載

戸籍（除籍）証明書の本籍地を記載

登記事項証明書に記載された住所を記載

最後の本籍　港区芝八丁目８番地
最後の住所　港区芝八丁目８番８－１０１号
登記簿上の住所　港区芝八丁目８番８－１０１号

一郎は被相続人として死亡日を記載

花子・太郎・花江は相続人として、住所・氏名・生年月日・続柄を記載

（被相続人）
山本一郎
死亡　令和６年１月１日

（相続人）
長男　山本太郎
住所　港区芝八丁目８番
　　　８－１０１号
出生　昭和○年○月○日

法定相続の場合は相続人全員（相続人）と記載

（相続人）
妻　山本花子
住所　港区芝八丁目８番
　　　８－１０１号
出生　昭和○年○月○日

（相続人）
長女　山本花江
住所　港区芝八丁目８番
　　　８－１０１号
出生　昭和○年○月○日

　相続関係説明図を添付することで、登記完了時に戸籍証明書、除籍証明書、改製原戸籍謄本の原本を還付してもらえます。住民票（除票）の写し、戸籍の附票の写し、固定資産評価証明書などを返してもらいたいときは、別途原本還付の処理をしましょう。　原本還付 P174

162

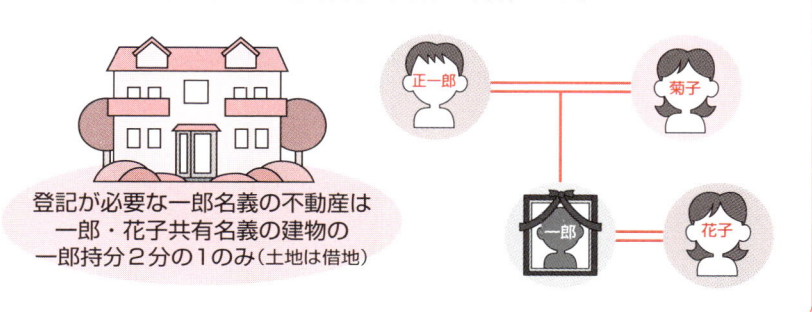

●**事例3**：田中一郎と花子は子供のいない夫婦。一郎の父正一郎、母菊子はどちらも健在。一郎が令和6年1月1日に死亡。一郎名義の不動産は一郎と花子共有名義の建物の持分のみ。

登記が必要な一郎名義の不動産は
一郎・花子共有名義の建物の
一郎持分2分の1のみ（土地は借地）

正一郎　菊子　一郎　花子

●**事例3**：妻花子、父正一郎、母菊子は法定相続分どおりに相続登記をする。正一郎と菊子は登記手続を花子に委任する。

　法定相続による登記の場合は、法定相続分の確認が大切です。今回の事例では、相続人は配偶者と父母2人ですので、法定相続分は配偶者である花子が3分の2、父母は等分なので、正一郎6分の1、菊子6分の1となります。　**法定相続分 P46**

　さらに、一郎名義の建物の持分は建物全体のうちの2分の1ですので、今回相続人が相続する持分は、それぞれ花子3分の1、正一郎12分の1、菊子12分の1となります。

　なお、申請書に記載する持分については、分母をそろえた形でも差し支えありません。

（例：花子12分の4、正一郎12分の1、菊子12分の1）

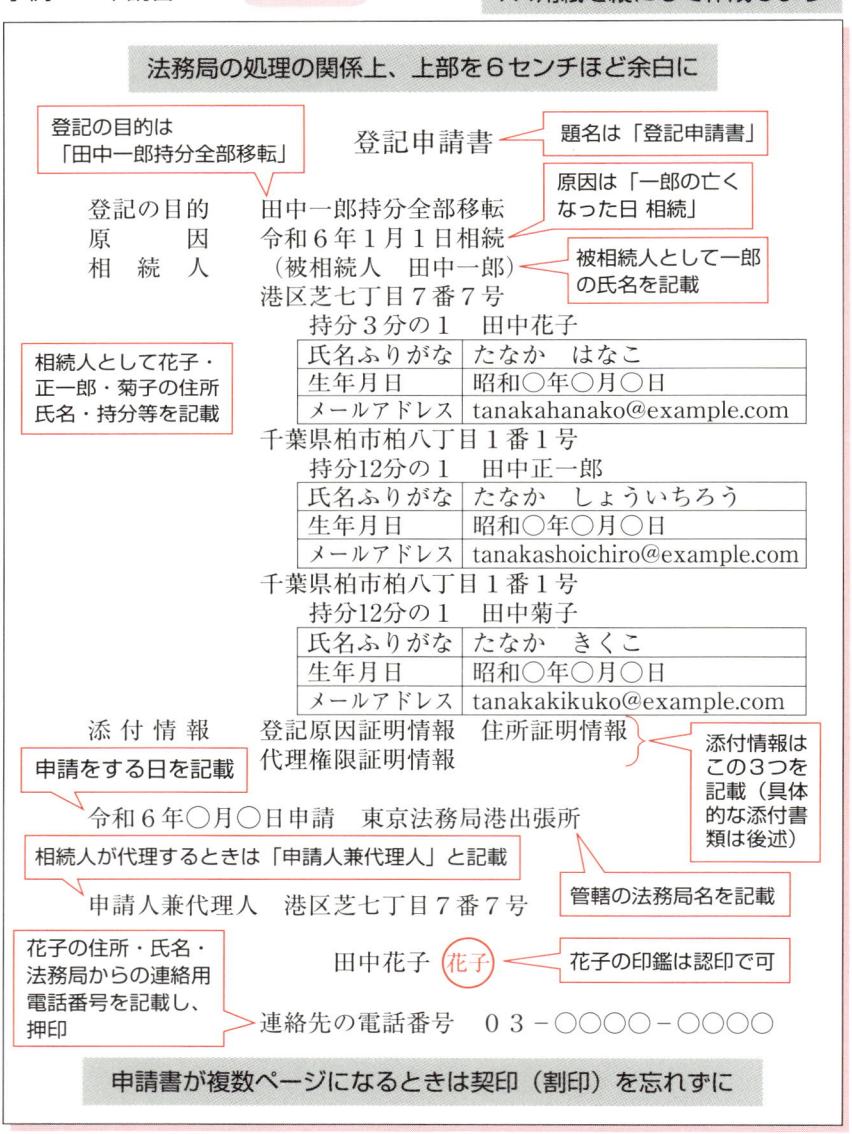

法務局の処理の関係上、上部を６センチほど余白に

登記の目的は
「田中一郎持分全部移転」

登記申請書　← 題名は「登記申請書」

登記の目的　田中一郎持分全部移転
原　　　因　令和６年１月１日相続
相　続　人　（被相続人　田中一郎）
　　　　　　港区芝七丁目７番７号
　　　　　　　持分３分の１　田中花子

原因は「一郎の亡くなった日 相続」

被相続人として一郎の氏名を記載

相続人として花子・正一郎・菊子の住所氏名・持分等を記載

氏名ふりがな	たなか　はなこ
生年月日	昭和○年○月○日
メールアドレス	tanakahanako@example.com

　　　　　　千葉県柏市柏八丁目１番１号
　　　　　　　持分12分の１　田中正一郎

氏名ふりがな	たなか　しょういちろう
生年月日	昭和○年○月○日
メールアドレス	tanakashoichiro@example.com

　　　　　　千葉県柏市柏八丁目１番１号
　　　　　　　持分12分の１　田中菊子

氏名ふりがな	たなか　きくこ
生年月日	昭和○年○月○日
メールアドレス	tanakakikuko@example.com

添　付　情　報　登記原因証明情報　住所証明情報
　　　　　　　　代理権限証明情報

申請をする日を記載

添付情報はこの３つを記載（具体的な添付書類は後述）

　　　令和６年○月○日申請　東京法務局港出張所

相続人が代理するときは「申請人兼代理人」と記載

　　　申請人兼代理人　港区芝七丁目７番７号

管轄の法務局名を記載

花子の住所・氏名・法務局からの連絡用電話番号を記載し、押印

　　　　　　田中花子　（花子）

花子の印鑑は認印で可

　　　連絡先の電話番号　０３－○○○○－○○○○

申請書が複数ページになるときは契印（割印）を忘れずに

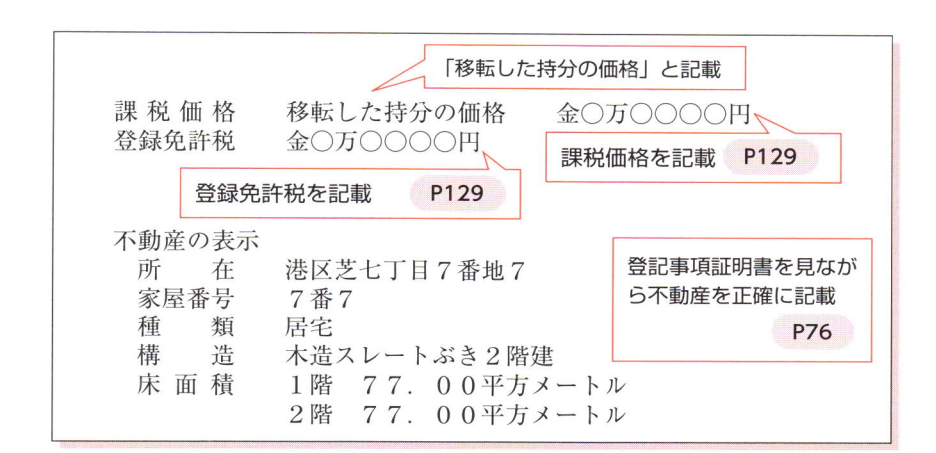

課税価格　　移転した持分の価格　　金○万○○○○円

「移転した持分の価格」と記載

課税価格を記載　P129

登録免許税　　金○万○○○○円

登録免許税を記載　　　P129

不動産の表示
　　所　　在　　港区芝七丁目７番地７
　　家屋番号　　７番７
　　種　　類　　居宅
　　構　　造　　木造スレートぶき２階建
　　床面積　　　１階　７７．００平方メートル
　　　　　　　　２階　７７．００平方メートル

登記事項証明書を見ながら不動産を正確に記載　P76

事例３　具体的な添付書類

[登記原因証明情報として]

①被相続人（一郎）の死亡の記載のある戸籍（除籍）証明書

②被相続人（一郎）の相続関係を証する除籍証明書・改製原戸籍謄本など

③相続人全員（花子・正一郎・菊子）の戸籍証明書

④被相続人（一郎）の住民票（除票）の写し　　参考 P98

[住所証明情報として]

⑤相続人全員（花子・正一郎・菊子）の住民票か戸籍の附票の写し

[代理権限証明情報として]

⑥委任する人（正一郎・菊子）から代理人（花子）への委任状

[その他：登録免許税計算の根拠として]

⑦建物の固定資産評価証明書（納税通知書・課税明細書）

[戸籍証明書等を還付する場合、登記原因証明情報の一部として]

⑧相続関係説明図

※①〜⑤は法定相続情報一覧図の写しで代用可。

第5章

委　任　状

> 委任を受けた花子の
> 住所・氏名を記載

（受任者）住所　　港区芝七丁目７番７号
　　　　　氏名　　田中花子
私たちは、上記の者を代理人と定め、下記の権限を委任します。

記

１．下記の田中一郎持分全部移転登記申請に関する一切の件
　　　　　原　因　令和６年１月１日　相続
　　　　　相続人　（被相続人 田中一郎）
　　　　　　　　　港区芝七丁目７番７号
　　　　　　　　　　持分３分の１　田中花子
　　　　　　　　　千葉県柏市柏八丁目１番１号
　　　　　　　　　　持分１２分の１　田中正一郎
　　　　　　　　　千葉県柏市柏八丁目１番１号
　　　　　　　　　　持分１２分の１　田中菊子
　　　　不動産の表示　　　（略）　　> 申請書と同じように記載　P76

２．原本還付請求及び受領に関する件
３．登記識別情報通知書及び登記完了証の受領の件
４．登記申請の取下げまたは補正に関する件

令和６年○月○日

> 登記の手続を花子に委任する正一郎・菊子が署名し、それぞれ捺印

（委任者）住所　　千葉県柏市柏八丁目１番１号　㊞
　　　　　氏名　　田中正一郎
（委任者）住所　　千葉県柏市柏八丁目１番１号　㊞
　　　　　氏名　　田中菊子

> 正一郎・菊子の印鑑は認印で可

事例３　相続関係説明図　　基本 P136

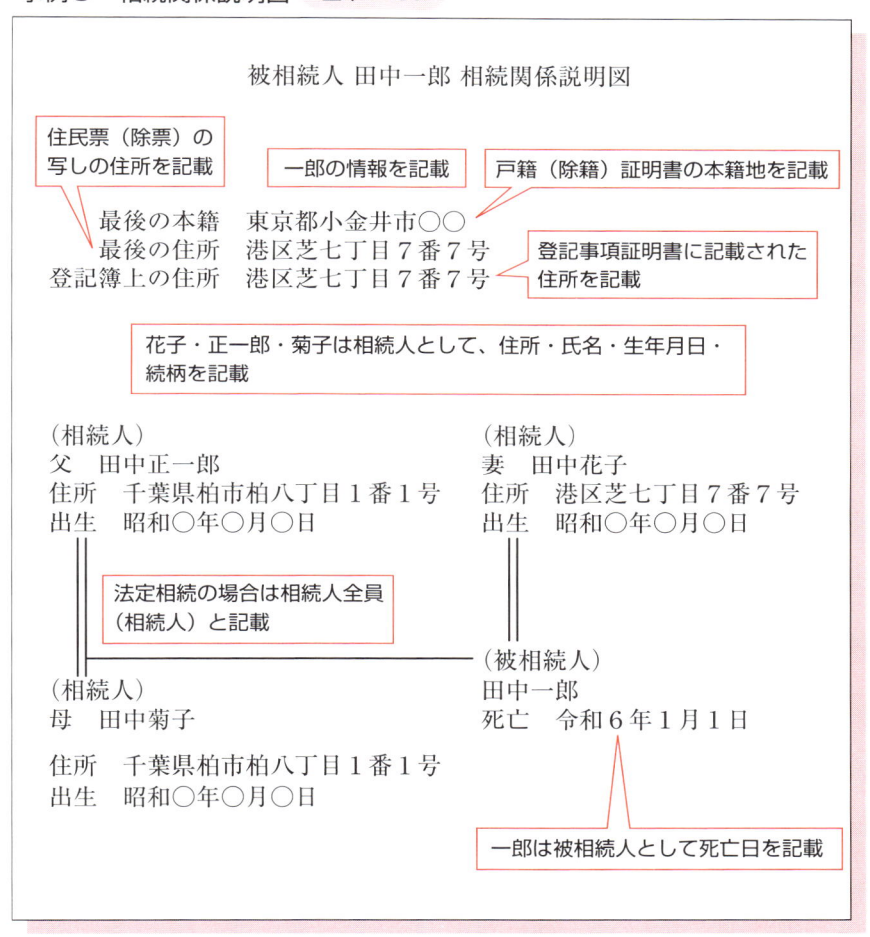

　相続関係説明図を添付することで、登記完了時に戸籍証明書、除籍証明書、改製原戸籍謄本の原本を還付してもらえます。住民票（除票）の写し、戸籍の附票の写し、固定資産評価証明書などを返してもらいたいときは、別途原本還付の処理をしましょう。　**原本還付 P174**

8 遺言パターンの申請書を作成しよう

遺言に基づいて相続をした場合の登記です。

　ここでは遺言パターンの申請書を作成します。他の2パターン同様、事例とともに申請書を確認し、添付書類も併せて確認しましょう。

事例で確認していきましょう

　遺言パターンの申請書と添付書類を事例とともに確認しましょう。

●**事例4**：父高橋一郎、母花子、長男太郎、長女花江の4人家族。父一郎が令和6年1月1日に死亡。一郎は「すべての不動産を太郎に相続させる」旨の**公正証書遺言**を残していた。一郎名義の不動産は土地と建物のみ。

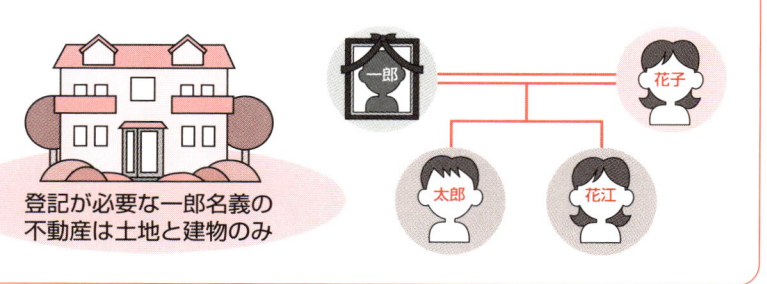

登記が必要な一郎名義の
不動産は土地と建物のみ

　相続人の一部もしくは全員に対して「相続させる」旨の遺言が残されているときは、遺言に基づいて相続登記をすることができます。
　相続人以外の者に「相続させる」旨または「遺贈する」旨の遺言が残されている場合は、相続登記ではなく、「遺贈による所有権移転登記」を申請する必要があり、手続が大きく異なります。

法務局の処理の関係上、上部を６センチほど余白に

登記の目的は「所有権移転」
と記載

登記申請書　←　題名は「登記申請書」

　　　　　　　　　　　　　　原因は「一郎の亡くなった日 相続」

登記の目的　　所有権移転
原　　　因　　令和６年１月１日相続
相　続　人　　（被相続人　高橋一郎）　　　　被相続人として一郎
　　　　　　　　　　　　　　　　　　　　　　の氏名を記載
　　　　　　　　品川区大崎六丁目６番８号

　　　　（申請人）高橋太郎　（太郎）　　　　太郎の印鑑は
　　　　　　　　　　　　　　　　　　　　　　認印で可

太郎の住所・氏名・
法務局からの連絡用
電話番号等を記載し、
押印

氏名ふりがな	たかはし　たろう
生年月日	昭和○年○月○日
メールアドレス	takahashitaro@example.com

　　　　　　　連絡先の電話番号　０３－○○○○－○○○○

　　　添　付　情　報　　登記原因証明情報　　住所証明情報　　添付情報はこの２
　　　　　　　　　　　　　　　　　　　　　　　　　　　　　　　つを記載（具体的
申請をする日を記載　　　　　　管轄の法務局名を記載　　　　な添付書類は後述）

　　　令和６年○月○日申請　東京法務局品川出張所

　　　課　税　価　格　　金○万○○○○円　　　課税価格を記載　　　P129
　　　登　録　免　許　税　金○万○○○○円　　登録免許税を記載　　P129
　　　不　動　産　の　表　示
　　　　所　　　在　　品川区大崎六丁目
　　　　地　　　番　　６番８　　　　　　　　登記事項証明書を見ながら
　　　　地　　　目　　宅地　　　　　　　　　不動産を記載　　P76
　　　　地　　　積　　６７．８９㎡　　　　この価格金○○○○円

　　　　所　　　在　　品川区大崎六丁目６番地８
　　　　家　屋　番　号　６番８　　　　　　　不動産それぞれの固定
　　　　種　　　類　　居宅　　　　　　　　　資産の価格を記載
　　　　構　　　造　　木造かわらぶき平家建
　　　　床　面　積　　４４．４４㎡　　　　この価格金○○○○円

第
5
章

事例4　具体的な添付書類

[登記原因証明情報として]

　①被相続人（一郎）の死亡の記載のある戸籍（除籍）証明書

　②不動産を取得する相続人（太郎）の戸籍証明書

　③被相続人（一郎）の住民票（除票）の写し　参考 P98

　④公正証書遺言

[住所証明情報として]

　⑤不動産を取得する相続人（太郎）の住民票か戸籍の附票の写し

[その他：登録免許税計算の根拠として]

　⑥土地と建物の固定資産評価証明書（納税通知書・課税明細書）

[戸籍証明書等を返還する場合、登記原因証明情報の一部として]

　⑦相続関係説明図

　※①～③、⑤は法定相続情報一覧図の写しで代用可。

公正証書遺言、自筆証書遺言書保管制度を利用した遺言以外の遺言の場合

　事前に家庭裁判所に検認の申立を行い、検認済証明書が付された遺言書を登記原因証明情報の一部として添付します。　検認 P95

遺言がある場合の相続関係説明図

　遺言による相続登記の場合も、他のパターンと同様、相続関係説明図を添付することで、戸籍証明書・除籍証明書・改製原戸籍謄本を還付してもらうことができます。遺言による相続登記の場合は、原則として被相続人の戸籍（除籍）証明書と不動産を取得する者が相続人だとわかる戸籍証明書の添付で足りるため、相続関係説明図には被相続人と不動産を取得する相続人のみの記載があればよいということになります。

　法務局によっては他のパターンと同様、他の相続人についての記載も求められることがあるため、事前に確認されることをおすすめします。

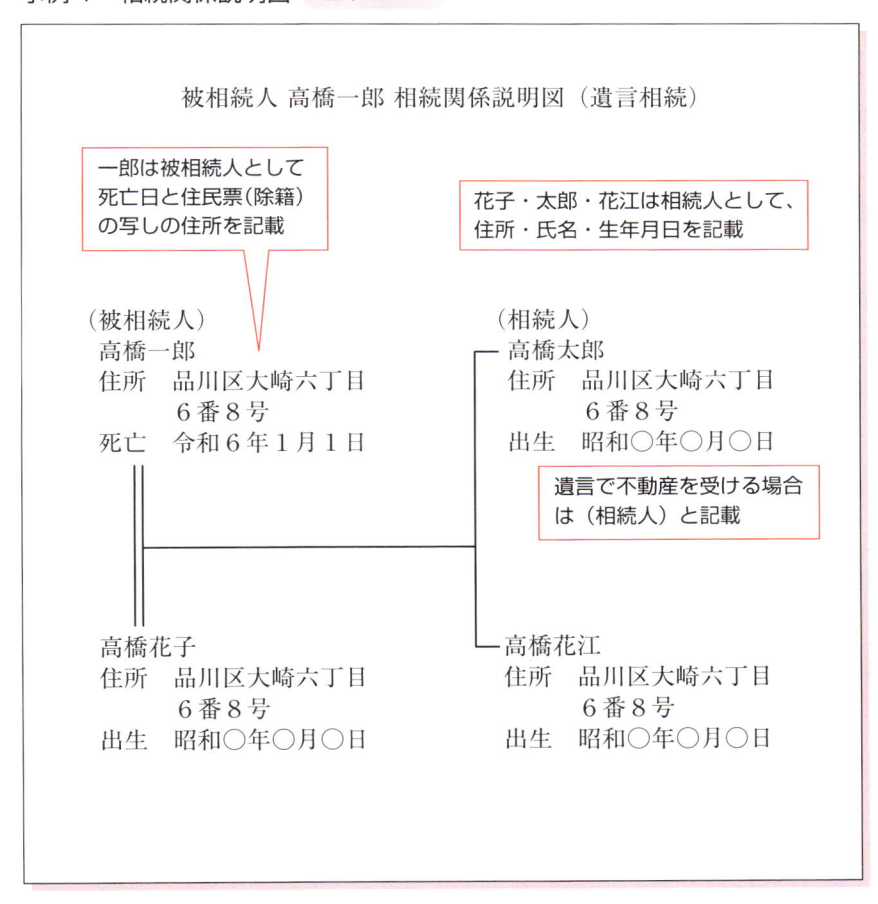

　相続関係説明図を添付することで、登記完了時に戸籍証明書、除籍証明書、改製原戸籍謄本の原本を還付してもらえます。公正証書遺言、住民票（除票）の写し、戸籍の附票の写し、固定資産評価証明書などを返してもらいたいときは、別途原本還付の処理をしましょう。

原本還付 P174

9 相続人申告登記について確認しよう

相続登記の申請が難しい場合に、相続登記の申請義務を果たすことができる仕組みとして新たな制度が設けられました。

令和6年4月1日より相続登記が義務化されました。しかし、相続人間で争いがあり遺産分割がまとまりそうにないなど、さまざまな事情から相続登記をすみやかに行うことができない場合もあります。そのような方々のために、簡易的に相続登記の義務を果たすことができる**相続人申告登記**という制度が新たに設けられました。

相続人申告登記の方法

相続人申告登記は、法務局に申出書などを提出して申請するのが一般的です。その場合は下記の方法、書類などを提出して申請します。

また、ウェブブラウザ上でできるかんたん登記申請というシステムも利用できます。

＊かんたん登記申請　https://www.touki-kyoutaku-online.moj.go.jp/mtouki/

申出できる人	登記記録上の所有者の相続人
申出先	不動産の所在地の管轄の法務局（郵送可）
申出に必要な費用	無料（非課税）
必要な書類（他の書類が必要になる場合あり）	申出書 戸籍証明書（法定相続情報一覧図の写しで代用可） 申出人の住民票の写し 委任状（代理人に依頼する場合）　など

相続人申出書

申出の目的　　　相続人申告

高橋一郎の相続人

相続開始年月日　　令和6年1月1日

（申出人）　東京都品川区大崎六丁目6番8号
　　　　　　高橋　太郎
　　　　　　（氏名ふりがな　たかはし　たろう）
　　　　　　（生年月日　昭和○年○月○日）
　　　　　　連絡先の電話番号03－○○○○－○○○○

添付情報
　申出人が登記名義人の相続人であることを証する情報
　住所証明情報

令和6年○月○日申出　　　東京法務局品川出張所

不動産の表示
　不動産番号　　0123456789011
　所　　在　　品川区大崎六丁目
　地　　番　　○番○

　不動産番号　　0123456789012
　所　　在　　品川区大崎六丁目　○番地○
　家 屋 番 号　　○番○

第5章

10 原本還付の準備をしよう

これまで集めた書類を登記完了時に返してもらうための準備です。

登記手続に添付した書類を返してもらう方法

73ページで触れましたが、相続登記の手続に添付した書類は、原本を返してもらうことができます。

ただし、原本を返してもらうためには、そのための準備・処理が必要です。ここで具体的な方法を確認します。

戸籍証明書などを返してもらう方法

戸籍証明書、除籍証明書、改製原戸籍謄本は、相続関係説明図を作成して添付することで、登記完了時に原本を還付してもらうことができます。

〈相続関係説明図を添付することで還付してもらえる書類〉

戸籍証明書、除籍証明書、改製原戸籍謄本

戸籍証明書など以外の書類を返してもらう方法

遺産分割協議書や遺言、印鑑証明書、住民票（除票）の写し、戸籍（除籍）の附票の写し、固定資産評価証明書などの添付書類を返してもらいたいときは、原本還付の処理をして添付する必要があります。なお、戸籍証明書などの書類についても、相続関係説明図を添付せず同様の処理をすることで原本を返してもらうことができます。

174

戸籍証明書など以外の書類を原本還付するための**準備**

1）還付してもらいたい書類をすべてコピーする。

拡大せずにそのままのサイズでコピー。

戸籍証明書、除籍証明書、改製原戸籍謄本は相続関係説明図があればコピーしなくて大丈夫です。

2）左側をホチキスで留め、1ページ目に原本に相違がない旨を記載し、申請人が記名押印（申請書の印鑑と同じ印鑑）。

「上記は原本と相違ありません。
○○　○○㊞」
このように記名し、押印します。

コピー

————㊞

3）すべてのページをつなげる形で契印（割印）をする。

契印

忘れずに、すべてのページに契印（割印）しましょう。

4）登記申請書や各書類の原本と併せて法務局に提出。

受付

11 登記申請書を組み上げよう

あなただけの登記申請書を完成させましょう。

　取得した書類と作成した書類がすべてそろったら、いよいよ登記申請書を組み上げましょう。組み上げる順番や方法については、絶対にこうしなければならないというルールはありませんが、一般的にはこのような順番で組み上げます。

①申請書
②申請書（２枚目以降がある場合）
③登録免許税分の収入印紙を貼った紙
（収入印紙自体に契印（割印）はしない）
※①から③までで１セットなので、ホチキス留めの上、すべて契印（割印）を押す。
④委任状があるときは委任状
⑤相続関係説明図
⑥原本還付書類のコピー
※⑥が２枚以上あるときは、ホチキス留めの上、すべて契印（割印）を押す。
⑦原本還付書類の原本

| 1）　①から③までをホチキスで留め、契印（割印） |

A B はどちらでも構いません

| 2）A　1）のセットと④から⑦までのセットをクリップまたはファイルで一式にする | 2）B　1）のセットと④から⑥までのセットをホチキスで留め、⑦とクリップ留め、もしくはファイルで一式にする |

176

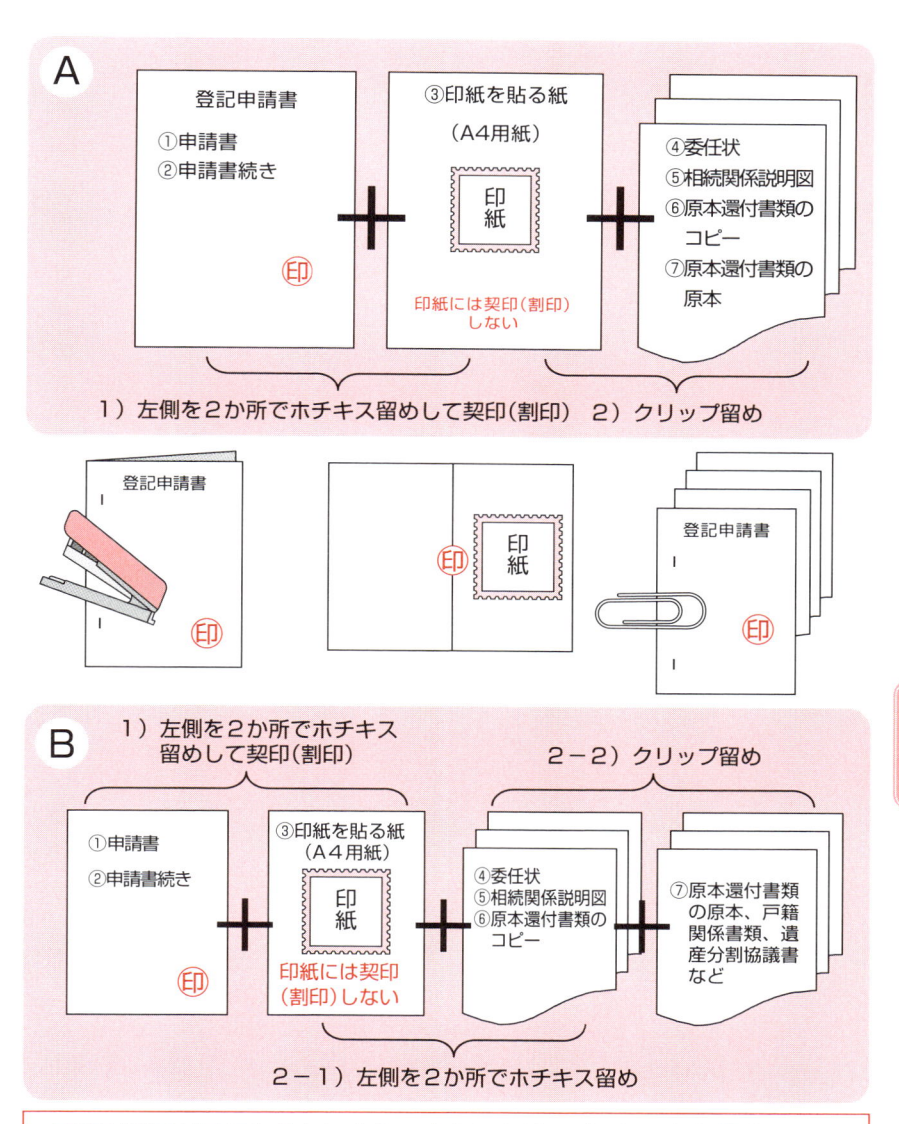

書類がバラバラにならないよう、大きいクリップでしっかり留めるか、クリアファイルにしっかりと挟み込みましょう。

　法務局は、各都道府県に置かれた法律関係の業務を取り扱う法務省の機関です。登記所と呼ばれることがあるように、不動産に関する登記、会社や法人に関する登記、成年後見に関する登記、動産・債権譲渡登記など、登記に関する業務を主に取り扱っています。

登記以外の業務

　法務局で取り扱われている業務は、登記に関するものだけではありません。他にも以下のような業務が法務局で取り扱われています。

①**供託**　弁済供託など供託に関する事務を取り扱っています。

※供託とは、金銭などを供託所に提出して、その管理を委ね、最終的には供託所がその財産をある人に取得させることによって、一定の法律上の目的を達成しようとするために設けられている制度です。

②**国籍**　帰化や国籍取得に関する事務など国籍に関する事務を取り扱っています。

③**人権**　人権擁護事務を取り扱っています。

※人権擁護事務は、国民の基本的人権を擁護するための、人権侵犯事件の調査・処理、人権相談などに関する事務です。

法務局を知ろう

　このように、法務局では登記以外にもさまざまな業務が取り扱われています。ポスターやパンフレットなどで最新の情報が提供されていますので、法務局に足を運んだ際には、ぜひいろいろなところに目を向けてみてください。

第6章

法務局へ登記申請
～登記申請から完了まで～

　申請のための準備は終わりました。いよいよ法務局に登記を申請します。

　申請書や作成した書類に誤字や脱字はありませんか。もう1度、作成した申請書に間違いがないかどうか、添付する書類に漏れはないかどうか、確認してみましょう。

　登記申請の方法は窓口に持参して申請する方法、郵送で申請する方法、オンラインで申請する方法の3つのパターンがあります。具体的な流れを見ていきましょう。

1 登記申請の3つの方法

窓口申請、郵送申請、オンライン申請の３つのパターンがあります。

不動産登記の申請方法には３つのパターンがあります。

①窓口申請　　　　　②郵送申請　　　　　③オンライン申請

　このうちオンラインで申請する方法は、パソコンの設定や電子証明書の取得などが必要となり、余計な時間と費用がかかってしまいます。一から設定をする時間や費用を考慮すると、あまりおすすめはできません。

　窓口に持参して申請する方法であれば、法務局内や法務局近くにある印紙売場で収入印紙を買い、貼付することができます。また、郵便事故や宛先間違いなどの心配もないので安心ともいえます。

　遠方の不動産の相続登記の場合など、窓口に持参することが難しいときは、郵送で申請をしましょう。ただし、郵送で申請書類を送るときは、必ず書留扱いの郵便で送るようにしてください。

　この本では、窓口申請と郵送申請についてご案内します。

窓口に持参する方法

管轄の法務局の窓口に登記申請書を持参して申請する方法です。

メリット ●確実に申請を確認できる

デメリット ●開庁時間に出向かないといけない

郵送で申請する方法

法務局に登記申請書を郵送し、申請する方法です。

メリット ●法務局に行かなくて済む・時間にもとらわれないで済む

デメリット ●郵便事故の可能性

オンラインで申請する方法

オンライン申請システムにより申請する方法です。

メリット ●法務局に行かなくて済む・時間にもとらわれないで済む

デメリット ●設定が面倒・電子証明書の取得が必要

第6章

2　窓口に申請に行こう

組み上げた登記申請書は、管轄の法務局に持っていきます。

法務局に持っていくものを確認しましょう

　法務局には、組み上げた「**登記申請書**」一式と、「**申請書に使用した印鑑**」を持参しましょう。また、登録免許税納付用の収入印紙を法務局で購入する場合は、その費用も忘れずに持っていきましょう。

不動産登記係の受付に提出し受付番号を確認しましょう

　管轄の法務局に着いたら、目指すは**不動産登記係の受付窓口**です。受付がわからない場合は、案内板を確認するか、法務局の職員に聞いてみましょう。**収入印紙を法務局で購入する場合は、法務局内の印紙売場で購入をし、申請書に貼ってから受付に向かいましょう。** P133

　不動産登記係の受付窓口に着いたら職員に申請書類一式を提出します。無事に提出できれば、登記申請が受け付けられることになります。また、完了書類の受領の際に必要になりますので、**受付番号を窓口で確認し手帳などにメモしておきましょう。**

登記識別情報通知書等受領印影届の提出を確認しましょう

　管轄の法務局によっては、登記申請処理の都合上、**登記識別情報通知書等受領印影届**の提出が求められる場合があります。

　登記完了時、登記識別情報通知書等を受け取る際に押印する印鑑を事前に届け出るための書類で、法務局に備え付けの書式に申請人が記入し、申請書に捺印した印鑑を押して提出します。申請時に必要かどうかを確認し、提出を求められた場合は、法務局の指示に従ってください。

登記完了予定日と完了書類の受領方法を確認しましょう

　法務局では、登記申請書を受け付けたのち、1〜2週間ほどかけて書類の確認、登記簿への反映などの手続を行います。

　法務局の一連の手続についての完了予定日が、**登記完了予定日**です。ほとんどの法務局では受付窓口の近くに表示されています。もし、見つけられない場合は、受付の方に確認をしてください。

　登記完了予定日を迎えたら、窓口で完了書類を受領することになります。法務局によって独自の受領のルールがある場合もありますので、申請の際、受付窓口で完了書類の受領方法を確認しておくと安心です。

申請後の基本的な流れを確認

● **不動産登記係受付窓口で申請。このとき、登記完了予定日を確認。**

①申請書の最終確認・相談
②登記申請・受付番号の確認
③登記完了予定日と受領方法の確認

● **不備がある場合は、法務局から連絡があります。指示に従いましょう。**

①不備の内容を確認（必要に応じて）
②補正・取下げの手配（必要に応じて）
③補正・取下げ（必要に応じて）

● **登記完了予定日です。法務局に書類を受け取りに行きましょう。**

①完了書類の受領
②登記事項証明書の取得
③完了書類の確認

3 郵送で申請をしたい場合は?

登記申請書は郵送で申請をすることもできますが、
郵送の場合特有の注意事項がいくつかあります。

申請書一式は**書留郵便**で送りましょう

　組み上げた登記申請書類一式を郵送で申請することもできます。大切な書類がたくさん入っていますので、必ず書留郵便で送るようにしましょう。また、封筒には「**不動産登記申請書在中**」と赤字で記載し、宛先は間違えないよう注意してください。

提出前にしておきたいこと

　窓口に持参して申請する場合は、受付で最低限の確認をしてもらえることがありますが、郵送の場合はそれがありません。

　申請前に気になることがあるときは、事前に法務局に電話などで相談をしてみましょう。可能な範囲で質問に答えてもらえます。

　また、万が一の場合に備えて、申請書に申請人全員が捨印を押しておくとよいでしょう。

登記完了予定日を確認しましょう

　法務局では、登記申請書を受け付けたのち、1〜2週間ほどかけて書類の確認、登記簿への反映などの手続を行います。

　法務局の一連の手続についての完了予定日が、**登記完了予定日**です。郵送で申請をした場合は、管轄法務局に電話をして登記完了予定日を確認しておきましょう（完了書類の受領を窓口で行う場合は、受領方法についても確認をしておきましょう）。

　また、法務局のホームページにも登記完了予定日は掲載されています。こちらを確認してみるのもよいでしょう。

184

郵送で完了書類を受け取りたいとき

申請書に必要事項を記載することで、窓口に行かずに郵送で完了書類を受領することができます。

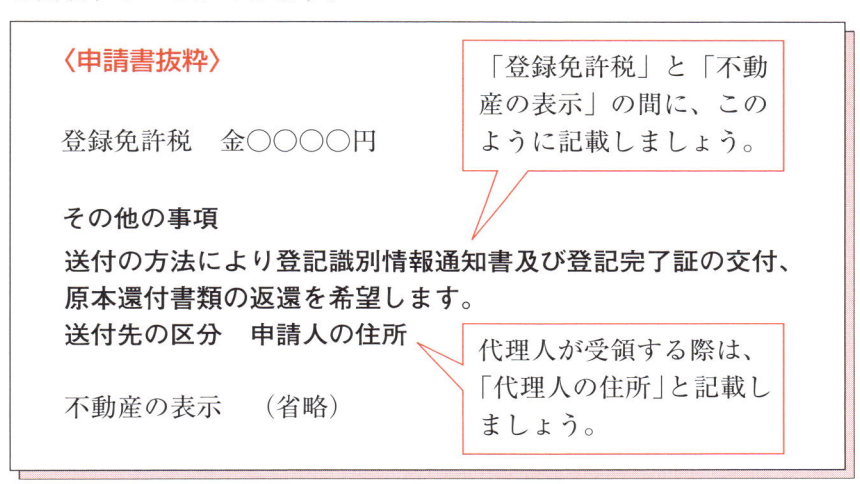

〈申請書抜粋〉

登録免許税　金○○○○円

「登録免許税」と「不動産の表示」の間に、このように記載しましょう。

その他の事項
送付の方法により登記識別情報通知書及び登記完了証の交付、原本還付書類の返還を希望します。
送付先の区分　申請人の住所

代理人が受領する際は、「代理人の住所」と記載しましょう。

不動産の表示　　（省略）

この場合、申請書と併せて、**返信用封筒と返信用の切手**（本人限定郵便で送付されます）を提出することを忘れないでください。

なお、登記識別情報通知書は申請人ごとに送付されます。

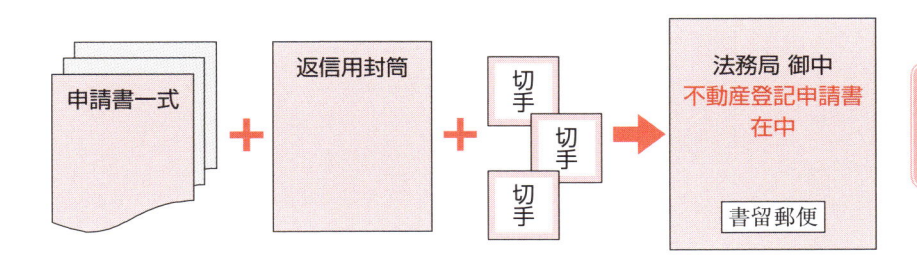

申請書一式　＋　返信用封筒　＋　切手　切手　切手　➡　法務局 御中　不動産登記申請書在中　書留郵便

遠方の法務局に郵送で申請をする場合は、完了書類の受領を郵送で行えるよう手配することを忘れないようにしてください。

郵送で受領した場合は、完了書類の到着を待って、登記事項証明書を取得しましょう。　登記事項証明書の取得 P84

第6章

4 法務局から連絡が来たらどうしよう?

登記申請後、法務局から連絡があることもあります。
そんなときは、法務局の指示に従ってください。

訂正できる不備があるときは補正をします

登記申請の内容に誤りがあると、申請書に記載した電話番号に法務局から連絡が入ります。軽微な誤りであれば、法務局の指示に従って訂正をすることで、最初から適正な登記申請があったものとして登記手続を進めてもらえます。このように法務局の指示に従って、軽微な誤りを訂正することを**補正**といいます。補正の方法は、補正の内容によって異なります。電話がかかってきてしまったら、補正の方法について詳しく確認をしましょう。

補正ができないときは取下げをします

登記申請の内容に重大な誤りがあって、すぐに補正ができないような場合は、申請をした人がその登記申請を取り下げることができます。登記申請が取り下げられると、登記申請は初めからなかったものとされます。この手続を**取下げ**といいます。

取下げをする場合は、「取下書」を提出しなければなりません。また、納付した登録免許税の取扱い（現金還付または印紙の再使用証明など）を確認しないといけません。取下げの方法についても、法務局の指示に従いましょう。

収入印紙で納めた登録免許税は、再使用するための処理をしてもらえば、取下げ後、再度申請する際に使用することができます。

186

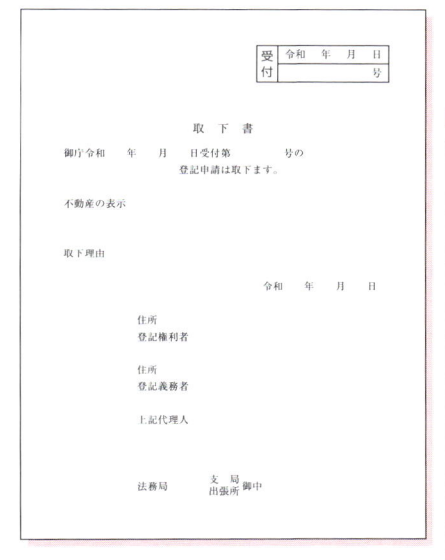

ちょっと確認　補正や取下げをなるべく避けるために

　法務局によって、対面や電話などの方法により、手続についての案内を受けたり、一般的な相談をしたりすることができます。

　コロナ禍以降、事前予約制となっている法務局が多いので、相談を希望される場合は、申請を予定している管轄の法務局に確認しましょう。

　なお、**あくまで一般的な記載事項などの案内のみ**で、個別の事案に沿った回答や申請書の事前確認や、内容についての有効性の判断などを求めることはできませんので、留意しておきましょう。

第6章

5 完了書類を受領し、登記事項証明書を取得しよう

法務局へ行き、完了書類を受け取りましょう。

いよいよ登記完了予定日です。法務局から特に連絡がなければ登記は完了しています。法務局へ完了書類一式を受け取りに行きましょう。

登記完了予定日に持っていくもの

「登記申請の際に使用した印鑑」と「身分証明書」、「受付番号をメモした用紙」です。法務局から別途指示を受けたものがある場合は、それも忘れずに持参しましょう。

不動産登記係の交付窓口で受け取ります

不動産登記係の交付窓口に足を運びましょう。受付番号を伝え、身分証明書を提示し、書類受領の印鑑を押し、完了書類を受け取ります。

登記の完了書類の確認

窓口で受け取る相続登記の完了書類は以下のとおりです。

【登記識別情報通知書】登記名義人を識別するための情報です。

不動産ごと、申請人ごとに1通ずつ発行されます。

【登記完了証】登記が完了したことを証する書面です。

【原本還付書類一式】原本還付の処理をした書類が還付されます。

登記事項証明書を取得しましょう

相続登記が完了しているということは、新たな相続人が記載された登記事項証明書が取得できるということです。完了書類を受領したら、登記事項証明書交付窓口に移動し、登記事項証明書を取得しましょう。 P84

〈完了書類一式〉

登記完了証（書面申請）

次の登記申請に基づく登記が完了したことを通知します。

申請受付年月日	令和6年6月1日
申請受付番号	第12345号
登記の目的	所有権移転
登記の年月日	
不動産	土地	不動産番号　01234567890101 横浜市中区桜木町四丁目123番4 宅地 88・88平方メートル
	建物	不動産番号　01235678910123 横浜市中区桜木町四丁目123番地4 家屋番号　123番4 居宅 木造かわらぶき平家建 44・44平方メートル

（注）　1　「登記の目的」欄に表示されている内容は、「不動産」欄の最初に表示されている不動産に記録された登記の目的です（権利に関する登記の場合に限ります）。
　　　　2　「登記の年月日」欄は、表示に関する登記が完了した場合に記録されます。
　　　　3　「不動産」欄に表示されている不動産のうち、下線のあるものは、登記記録が閉鎖されたことを示すものです。
　　　　4　この登記完了証は、登記識別情報を通知するものではありません。

令和6年6月15日
横浜地方法務局
登記官　　　　　　　　　　　　　登記官太郎　　【横浜地方法務局登記官之印】

1／1頁

〈注意〉

　登記識別情報通知書は、新たに所有者となった申請人ごとに発行されるもので、原則としてその申請人しか受け取ることができません。

　委任状によって登記識別情報通知書の受領権限を委任していない場合は、それぞれの者が窓口に受領に出向く必要があります。

登記識別情報通知

……について、下記のとおり通知します。

【不動産】
横浜市中区桜木町四丁目123番4の土地

【不動産番号】
01234567890101
【受付年月日・受付番号（又は順位番号）】
令和6年6月1日受付　第12345号
【登記の目的】
所有権移転
【登記名義人】
横浜市中区桜木町四丁目2番3号
佐藤花子

（以下余白）

※下線のあるものは抹消事項であることを示す。

令和6年6月15日
横浜地方法務局
登記官　　　登記官太郎　　【横浜地方法務局登記官之印】

登記識別情報はこの中に記載しています。開封方法は裏面をご覧ください。

遺産分割協議

評価証明書

住民票

戸籍証明書

原本還付書類

第6章

6 登記事項証明書と登記識別情報通知書を確認しよう

登記が完了して手元に届いた書類は、不動産に関する権利を証明する大切な書類。入念に確認しましょう。

登記事項証明書を確認しましょう

甲区の所有者の欄が、確かに申請したとおりに登記が反映されているかを確認しましょう。

権利部（甲区）　（所有権に関する事項）			
順位番号	登記の目的	受付年月日・受付番号	権利者その他の事項
2	所有権移転	平成9年10月1日 第23456号	原因　平成9年10月1日売買 所有者　港区芝八丁目8番8号 　　佐　藤　一　郎
3	所有権移転	令和6年3月31日 第1234号	原因　令和6年1月1日相続 所有者　港区芝八丁目8番8号 　　佐　藤　太　郎

　登記の目的から受付年月日・受付番号、そして権利者その他の事項の欄が、自分の申請したとおりに登記がされているかどうかを確認します。

登記識別情報通知書を確認しましょう

　登記識別情報通知書とは、登記名義人を識別するための情報（登記識別情報）が記載された書面です。

　登記識別情報通知書は、**不動産ごと、そして申請人ごとに発行**されます。例えば、土地と建物の相続登記を申請し、子供2人が2分の1ずつの割合で相続をした場合、土地につき2通、建物につき2通の計4通の登記識別情報通知書が発行されます。

■登記識別情報通知書のサンプル

登記識別情報通知

次の登記識別情報について、下記のとおり通知します。

【不動産】
横浜市中区桜木町四丁目１２３番４の土地

【不動産番号】
０１２３４５６７８９０１０１
【受付年月日・受付番号（又は順位番号）】
令和６年６月１日受付　第１２３４５号
【登記の目的】
所有権移転
【登記名義人】
横浜市中区桜木町四丁目２番３号
佐藤花子

（以下余白）

※下線のあるものは抹消事項であることを示す。

令和６年６月１５日
横浜地方法務局
登記官　　登記官太郎

横浜地方
法務局登
記官之印

登記識別情報はこの中に記載しています。開封方法は裏面をご覧ください。

> 　折り込みの下に12ケタの英数字の組み合わせ（暗証番号のような
> もの）とQRコードが記載されています。英数字の組み合わせのこ
> とを登記識別情報といいます。今回相続した不動産を今後売却した
> り、相続した不動産を担保に住宅ローンを組んだりする場合は、こ
> の登記識別情報を法務局に提供することになります。

これまでの権利証はどうなるの?

登記識別情報制度に移行した後に申請された部分については、順次登記識別情報が発行されますが、移行後に権利変動がない場合は、これまでの登記済証が今までどおり**「権利証」**として有効です。これまでどおり大切に保管しておいてください。

登記識別情報や登記済証がない場合はどうなるの?

相続登記の場合は登記識別情報や登記済証を登記申請の際に添付する必要はないのですが、売買や担保設定の際などは添付が必要です。もし紛失してしまった場合は、登記識別情報の提供の代わりの手続(司法書士などの資格者代理人による本人確認情報の作成、事前通知制度の利用など)が必要になります。本人確認情報の作成の場合、司法書士などの資格者代理人に対する報酬がかかることになり、通常よりも費用負担は大きくなってしまいます。

登記識別情報通知書を発行してほしくない場合は?

登記識別情報の管理に自信のない方などは、あらかじめ申し出ることで最初から登記識別情報を発行してもらわないこともできます。また、発行された登記識別情報通知書が盗まれてしまった場合や、誰かに見られてしまった場合などは、その登記識別情報について失効の申出をすることができます。ただし、上記Q&Aのとおり、将来の登記の際に通常とは違う手続が必要になります。

7 登記識別情報通知書は大切に保管しよう

登記識別情報通知書はとても重要な書類。大切に保管するようにしましょう。

　完了書類が手元に届き、登記事項証明書の登記内容を確認できましたか。申請したとおり正確に登記されていたでしょうか。

　お疲れさまです。これで、あなたの相続登記手続はすべて終わりました。登記簿に新しい歴史が加えられたことになります。

　手元に届いた登記識別情報通知書は、昔の権利証（登記済証）と意味合いは同じもので、あなたが相続登記をした不動産についての新しい証明書となるものです。大切に保管してください。

　登記識別情報は再発行してもらうことはできません（前ページ参照）。金庫などで大切に保管をするようにしましょう。

第6章

　ここまで、相続登記を自分でする方法について説明をしてきました。ですが、さまざまな事情から登記手続までたどり着くことができず、途中で「どこかで相談をしたい」と思われた方もいらっしゃるのではないかと思います。

　本文の中でも案内をしている部分がありますが、最終的に登記ができるかどうかを判断するのは法務局ですので、登記申請に関して気になることが出てきた場合には、管轄の法務局に確認をしましょう。

　各法務局の出張所や支局では、登記相談窓口を設けていることが一般的です。予約制になっていたり、相談対応時間が決まっているところも多いので、事前に確認をしてから相談に行くようにしましょう。**参考 P204・P205**

　また、今はインターネットでもいろいろな情報を集められます（法務省のホームページにも申請書のひな型の記載があります）。しかし、中には間違った情報が流れてしまっていることもありますので、インターネットの情報の取捨選択には注意してください。

第7章

相続登記以外に必要になる
かもしれない登記手続

　これまで説明してきた不動産の所有者の名義を変更する相続登記以外にも、相続に関連する登記手続はいくつかあります。

　ここでは、その代表的なものをごく簡単にではありますが、申請書とともに説明したいと思います。もしこれらの手続が必要な場合は、登記事項証明書を確認しながら、相続登記と併せて手続をしてみてください。

住所変更登記

不動産の所有者の住所に変更があった場合の登記です。令和8年4月1日より義務化されます。

不動産の共有者の**住所に変更**があった場合

　亡くなられた方と不動産を共有していた相続人の住所に変更があった場合は、相続登記と併せて住所変更の登記を申請することをおすすめします。登記簿上の住所は、住民票の転入届を提出したからといって自動的に変更されるわけではありません。登記簿上の住所を現状に合致させるためには、住所変更の登記を申請する必要があるのです。

申請は住所変更があった者の**単独申請**で可能です

　住所変更登記の申請は、住所に変更があった者の単独申請で行います。申請書への捺印も認印で構いません。

亡くなられた方の住所についての住所変更登記は**不要**です

　亡くなられた方の登記簿上の住所が、最後の住所と違っても、住所変更の登記は必要ありません。相続登記を申請する際に、住所のつながりを証する書面を提出することで足りるのです。　**参考 P98**

変更登記には、**変更を証する書面**が必要です

　住所変更の登記を申請する際には、登記の原因を証明する情報（登記原因証明情報）として、住所変更の経緯を証する書面が必要になります。具体的には、住民票の写しや戸籍の附票の写しなど、住所変更の履歴が載ったものが該当します。

A4用紙を縦にして作成しよう

法務局の処理の関係上、上部を6センチほど余白に

○番には甲区の順位番号を記載

登記申請書

登記の目的は「○番所有権登記名義人住所変更」

登記の目的　○番所有権登記名義人住所変更

原　　　因　令和6年1月1日住所移転

原因は「住所移転した日 住所移転」

住所が変更した人を氏名で特定

変更後の事項　共有者佐藤和子の住所

　　　　　　　川崎市幸区南加瀬七丁目4番4号

新しい住所を記載

申　請　人　川崎市幸区南加瀬七丁目4番4号

住所・氏名・法務局からの連絡用の電話番号を記載し、押印

　　　　　　　　佐藤和子　　㊞

認印で可

　　　　　　連絡先の電話番号　044－○○○－○○○○

添付情報　登記原因証明情報

具体的な添付書類として、住所の変更が確認できる住民票の写しなどを添付

令和6年○○月○○日申請　東京法務局

登録免許税　　金1，000円

登録免許税は、不動産の個数×1,000円敷地権付区分建物の場合は、敷地も不動産の個数にカウントするので、要注意

不動産の表示

　　所　　在　文京区大塚七丁目
　　地　　番　7番7
　　地　　目　宅地
　　地　　積　75．31㎡

登記事項証明書を見ながら不動産を正確に記載　P76

第7章

2 氏名変更登記

不動産の所有者の氏名に変更があった場合の登記です。令和8年4月1日より義務化されます。

不動産の共有者の氏名に変更があった場合

　亡くなられた方と不動産を共有していた相続人の氏名に変更があった場合は、相続登記と併せて氏名変更の登記を申請することをおすすめします。登記簿上の氏名は、婚姻届や離婚届などを提出したからといって自動的に変更されるわけではありません。登記簿上の氏名を現状に合致させるためには、氏名変更の登記を申請する必要があるのです。

申請は氏名変更があった者の単独申請で可能です

　氏名変更登記の申請は、氏名に変更があった者の単独申請で行います。申請書への捺印も認印で構いません。

亡くなられた方の氏名についての氏名変更登記は不要です

　亡くなられた方の登記簿上の氏名が、最後の氏名と違っても、氏名変更の登記は必要ありません。相続登記を申請する際に、氏名の変更を証する書面を提出することで足りるのです。

変更登記には、変更を証する書面が必要です

　氏名変更の登記を申請する際には、登記の原因を証明する情報（登記原因証明情報）として、氏名変更の経緯を証する書面が必要になります。具体的には、戸籍証明書や除籍証明書（改製原戸籍謄本）、住民票の写しなど、氏名変更の経緯及び登記簿上の人物との同一性が確認できるものが該当します。

■申請書（共有者の名字が結婚により変わった場合）

A4用紙を縦にして作成しよう

法務局の処理の関係上、上部を6センチほど余白に

○番には甲区の順位番号を記載

登記申請書

登記の目的は「○番所有権登記名義人氏名変更」

登記の目的　　○番所有権登記名義人氏名変更

原　　因　　令和6年1月1日氏名変更

原因は「結婚した日氏名変更」

変更後の事項　共有者佐藤花子の氏名

登記事項証明書上の氏名を記載

　　　　　　　　山本花子

現在の氏名を記載

申　請　人　　さいたま市浦和区高砂五丁目2番2号

住所・氏名・法務局からの連絡用の電話番号を記載し、押印

　　　　　　　　山本花子　（山本）　認印で可

連絡先の電話番号　０４８－○○○－○○○○

添付情報　　登記原因証明情報

具体的な添付書類として、氏名の変更がわかる戸籍証明書、同一性を証する住民票の写しなどを添付

令和6年○○月○○日申請　東京法務局

登録免許税　　金１，０００円

登録免許税は、不動産の個数×1,000円
敷地権付区分建物の場合は、敷地も不動産の個数にカウントするので、要注意

不動産の表示

所　　在　　文京区大塚七丁目

地　　番　　7番7

地　　目　　宅地

地　　積　　７５．３１㎡

登記事項証明書を見ながら不動産を正確に記載　P76

抵当権抹消登記

設定されていた抵当権を抹消する場合の登記です。

亡くなられた後に抵当権が消滅した場合

不動産の所有者が亡くなられた後に抵当権が消滅した場合は、まず相続登記を申請してから、抵当権抹消登記を申請することになります。

相続登記と抵当権抹消登記は連件（1件目に相続登記、2件目に抵当権抹消登記）で併せて申請することもできます。

所有権の登記名義人と抵当権者の共同申請

抵当権抹消登記は、所有権登記名義人（相続人）と、抵当権者（金融機関など）の共同申請で行います。

抵当権抹消登記の添付書類

抵当権抹消登記の添付情報は、原則として、**登記原因証明情報、登記済証または登記識別情報、代理権限証明情報**です。

登記原因証明情報は、抵当権者である金融機関などから発行される解除証書や弁済証書などが該当します。いつ、どのような原因で抵当権が抹消されたかどうかを証する書類です。

登記済証または登記識別情報は、もともとその抵当権を設定した際に発行されたもので、抵当権者が保管している書類です。

代理権限証明情報は、代理人が申請する際に必要になる委任状です。

申請書に会社法人等番号を記載する場合は会社の登記事項証明書の添付は不要ですが、会社の住所や名称に変更がある場合は添付を要することがあります。

金融機関が抵当権者の場合

　抵当権は、銀行などの金融機関が抵当権者となっている場合が多くを占めていると思います。

　住宅ローンを完済した場合など、抵当権を抹消することになった場合は、一般的に前ページの添付書類のうち金融機関から発行されるものが一式（解除証書、登記済証、委任状、代表者事項証明書など）所有権の登記名義人に渡されます。

　この場合、所有権の登記名義人が、抵当権者から委任を受けて、権利者兼義務者代理人という形で登記を申請することができます。

亡くなる前に**抵当権が既に消滅**していた場合

　亡くなられた後に抵当権が消滅した場合と同じように、相続登記を申請してから、抵当権抹消登記を申請することができます。

　また、（相続登記を申請しないで、）相続人と抵当権者の申請で、抵当権抹消登記を申請することもできます。

　この場合は、相続が開始したことや、所有者の相続人であることを証する書面を添付して登記を申請する必要があります。

抵当権の内容は登記事項証明書の**乙区**で確認

権利部（乙区）　（所有権以外の権利に関する事項）			
順位番号	登記の目的	受付年月日・受付番号	権利者その他の事項
1	抵当権設定	平成２４年１０月１日 第２３４５７号	原因　平成２４年１０月１日金銭消費 　　　貸借同日設定 債権額　金３，０００万円 利息　年２．５％ 債務者　名古屋市千種区星ヶ丘三丁目 　　　１番１号 　　　近藤　太郎 抵当権者　東京都千代田区丸の内五丁 　　　目１番１号 　　　株式会社乙野銀行

第7章

A4用紙を縦にして作成しよう

法務局の処理の関係上、上部を６センチほど余白に

登記申請書

登記の目的　　抵当権抹消

登記の目的は「抵当権抹消」

原　　　因　　令和６年１月１日解除

原因は抵当権が抹消された日付と原因を記載（解除証書や弁済証書に記載されています）

抹消する登記　平成２４年１０月１日受付第２３４５７号

登記事項証明書の乙区に記載された今回抹消する抵当権の「受付年月日・受付番号」を記載

権　利　者　　千葉県浦安市舞浜四丁目４番４号
　　　　　　　近　藤　一　郎

権利者として、不動産の所有者の住所・氏名を記載

義　務　者　　東京都千代田区丸の内五丁目１番１号
　　　　　　　株式会社乙野銀行
　　　　　　　（会社法人等番号　１２３４－５６－７８９０１２）
　　　　　　　代表取締役　○○　　○○

義務者として、抵当権者の本店・商号・代表者名を記載

添 付 情 報　　登記原因証明情報　　　　代理権限証明情報
　　　　　　　登記済証（または登記識別情報）

添付情報はこの３つを記載（具体的な添付書類は後述）

令和６年○○月○○日申請　　名古屋法務局

申請をする日を記載　　　　管轄の法務局名を記載

申請人兼義務者代理人

　　　　　千葉県浦安市舞浜四丁目４番４号

　　　　　近　藤　一　郎　近藤　

　　　　　連絡先の電話番号　０４７－○○○－○○○○

登録免許税　　　金１，０００円　

不動産の表示

　所　　在　　名古屋市千種区星ヶ丘三丁目

　地　　番　　１番１

　地　　目　　宅地

　地　　積　　８８．８８平方メートル

具体的な添付書類

[登記原因証明情報]

解除証書や弁済証書など

[登記済証または登記識別情報]

抵当権の設定登記をした際の登記済証または登記識別情報

[代理権権限証明情報]

委任状（代理人による申請の場合）

[会社法人等番号]

義務者が会社・法人の場合は会社法人等番号

（会社法人等番号は義務者に確認しましょう）

第7章

相続登記お役立ち情報と主な法務局一覧

（1）登記の手続などに役立つウェブページアドレス

●法務局　　　https://houmukyoku.moj.go.jp/homu/static/

　不動産の管轄、全国の法務局の所在地・連絡先、最新の情報など、登記に関するさまざまなことを確認することができます。

●登記情報提供サービス　　　https://www1.touki.or.jp/

　不動産や会社・法人の登記情報などを、インターネットを利用してパソコンの画面上で確認できるサービスです。財団法人民事法務協会が運営しています。

●裁判所　　　https://www.courts.go.jp/

　各種手続の説明や窓口案内、申立書の書式例など、裁判所における手続に関するさまざまなことを確認することができます。

●法務省　　　https://www.moj.go.jp/

　主な登記申請書の様式や登記手続に関する注意事項など、登記申請の際に参考になる情報を確認することができます。

（2）日本司法書士会連合会の所在地と連絡先

●日本司法書士会連合会　　　https://www.shiho-shoshi.or.jp/

　司法書士法によって定められた団体で、登記の専門家である司法書士の登録・連絡・指導等を行っています。

　ウェブページには、総合相談センターの案内や、近くの司法書士を探すことのできる検索機能などがあります。

　所在地　　〒160-0003　東京都新宿区四谷本塩町4-37

　電話番号　03-3359-4171

（3）主な法務局（本局）の所在地と連絡先

　主な法務局（本局）の所在地と連絡先を掲載しています。

　前ページ掲載の法務局ホームページから各局（支局・出張所を含む）のサイトにアクセスすることもできます。

局　名	郵便番号	住　　所	電話番号
札　幌 法務局	060-0808	札幌市北区北8条西2−1−1 札幌第1合同庁舎1階・2階	011-709-2311
仙　台 法務局	980-8601	仙台市青葉区春日町7−25 仙台第3法務総合庁舎	022-225-5611
東　京 法務局	102-8225	千代田区九段南1−1−15 九段第2合同庁舎	03-5213-1234
名古屋 法務局	460-8513	名古屋市中区三の丸2−2−1 名古屋合同庁舎第1号館	052-952-8111
大　阪 法務局	540-8544	大阪市中央区大手前3−1−41 大手前合同庁舎	06-6942-1481
広　島 法務局	730-8536	広島市中区上八丁堀6−30 広島合同庁舎	082-228-5201
高　松 法務局	760-8508	高松市丸の内1−1 高松法務合同庁舎	087-821-6191
福　岡 法務局	810-8513	福岡市中央区舞鶴3−5−25	092-721-4570

（4）電話による登記相談

●東京法務局　登記電話相談室　電話番号　03-5318-0261

　東京法務局管内の支局・出張所に申請する登記について、一般的な説明を内容とする相談ができます（要予約）。

巻末資料

用　語　索　引

〔著　者〕

児島 明日美（こじま あすみ）

　司法書士。東京司法書士会所属。簡裁訴訟代理等関係業務認定取得。公益社団法人成年後見センター・リーガルサポート東京支部所属。2010年に独立開業。相続・遺言・成年後見等の業務を中心に「老活」サポートに力を入れている。

　共著に『はじめての相続・贈与の生前対策』（清文社）、『今日から成年後見人になりました』『身近な人が亡くなった後の手続のすべて』（以上2点、自由国民社）、監修書に『自分でできる不動産登記』（自由国民社）がある。

※ 司法書士児島明日美事務所　http://www.asumi-office.com/

監修・執筆協力：児島 充（こじま みつる）

　司法書士。神奈川県司法書士会所属。簡裁訴訟代理等関係業務認定取得。

※ K＆S司法書士事務所　https://www.ks-legal.com/

自分でできる相続登記（じぶんでできるそうぞくとうき）

2012年 6 月 2 日　　初　版　　第 1 刷発行
2024年10月 4 日　　第 2 版　　第 1 刷発行
2025年 5 月30日　　第 2 版　　第 2 刷発行

著　　　　者	児　島　明日美（こじま あすみ）
発　行　者	竹　内　尚　志
印　刷　所	横山印刷株式会社
製　本　所	新風製本株式会社
本文DTP	有限会社 中央制作社
発　行　所	株式会社 自由国民社

〒171-0033　東京都豊島区高田3-10-11
営業部　TEL03-6233-0781　FAX03-6233-0780
編集部　TEL03-6233-0786
URL　　https://www.jiyu.co.jp/